최유경유아놀이교육연구소 책 만들기 시리즈 ② – 문학적 수준으로의 읽기와 쓰기를 위한 첫 발

책 만들기를 통한 창의적 언어교육 Ⅱ

FOR FOLD, CUT, OX-FLOW, FLIP & FLAP BOOKS

최유경 著

WOWPLAY

"제가 작가가 된 것 같아요!"

책 읽기를 좋아하고 그림 그리기를 즐기던 '민지'와의 책 만들기 활동을 통한 만남이 6개월에 접어들던 가을 어느 날, '선생님, 제가 작가가 된 것 같아요!'라고 자랑스럽게 이야기하던 4살 난 여자아이의 행복해하던 모습이 아직도 생생하다. 저자는 4년 전 이 이야기를 들었을 때의 기쁨과 놀라움을 지금까지 잊지 않고 기억하고 있다. 책 만들기의 가치와 나아가야 할 방향을 일깨워준 이 특별한 이야기는 직접적으로 가르쳐 주거나 알려준 것도 아니었건만 자연스럽게 이 어린 친구의 생각과 마음속에 책 만들기를 통해 무엇을 느꼈는지 그리고 배우고 터득한 것이 무엇인지를 알게 해준다. 그 순간 '작가'라는 단어가 지닌 매력적인 의미와 가치를 얼마만큼 이해하고 알고 있는지는 전혀 중요한 것이 아니었다. 스스로 '작가'라고 느낄 수 있다는 것은 자신의 표현에 대한 자신감과 즐거움을 드러내는 것이고 이러한 정서적 만족감은 단순히 책 만들기 활동을 통해서만 드러나는 것이 아니라 이 어린이의 생활 전반에 걸쳐 그 가치를 발휘하게 될 것임을 느낄 수 있었다. 자유로이 상상하고 표현의 즐거움을 이해하며, 스스로 무엇인가를 창조해 낼 수 있다는 자신감 그리고 자신의 생각과 느낌을 타인에게 드러내 보이는 열정을 지니고 이를 통해 세상을 이해하고 의사소통할 수 있음을 인식하며, 생각하고 느끼고 이해한 것을 실천하는 이가 '작가'이기에 우리 모두 '작가'가 될 수 있으리라.

이 책을 활용하기 전에 마음속에 담아두어야 할 것은 책의 형태나 표현방식에 대한 탐구에 앞서 어린이 개개인을 '작가'로 이해하고 존중하는 태도를 지니는 것이다. 책 만들기 활동은 쉽게 접할 수 있는 종이를 주재료로 다차원적인 구성 기법을 활용하여 세상에 단 하나밖에 없는 '나만의 책'을 만드는 과정이기에 자신만의 개성과 느낌을 자유로이 드러낼 수 있는 매력적인 활동이다. 그러나 책 만들기 활동에 대하여 단순히 종이를 접거나 오려 붙이기, 그림 그리기나 색칠하기, 꾸미기 또는 장식하기와 같은 미술 활동이나 독서교육 또는 글쓰기 활동이라는 표면적인 개념 인식으로는 책 만들기 활동을 통해 이르고자하는 교육적 목표에 도달할 수 없을 것이다. 책 만들기 활동의 진정한 목적은 자발적인 읽기와 쓰기를 통해 문학적 수준으로의 읽기와 쓰기를 이끌어주기 위한 것으로 총체적 언어의 통합적 접근을 바탕으로 한다. 책 만들기의 기초를 이해하고 자신의 생각과 표현에 대한 긍정적 인식을 바탕으로 자발적 읽기와 쓰기를 즐길 수 있도록 격려함에 일차적 의미가 있는 것이다. 이는 단순한 문자 해독이나 글자 쓰기와 같은 반복적이거나 정형화된 학습 활동이 아니라, 좋은 그림책과 어린이 생활 주변의 의미 있는 상황을 이용하고 듣기, 말하기, 읽기, 쓰기, 생각하기를 통합하는 다양한 교수 전략을 통해 언어 경험을 확장하고 격려함으로써 새로운 의미를 창조하는 능동적인 학습자, 즉 개성을 지닌 '작가'가 될 수 있도록 돕는데 진정한 목적이 있다.

이 책은 개개인의 생각과 표현을 존중하고 작가로의 첫 걸음을 내딛는 어린 친구들과 이들을 지도하는 교사들에게 도움을 주고자 기획되었다. 「책 만들기를 통한 창의적 언어교육 I」을 통해 소개한 책 만들기의 개념과 활동 방법에 대한 이해를 바탕으로 보다 높은 수준으로의 책 만들기와 문해 활동으로 나아갈 수 있도록 설계하였다. 다양한 방식의 접기와 표현 기법은 카드, 병풍책, 그리고 깃발 병풍책을 통해 창의적 문해 활동에 첫 발을 내디딘 교사, 부모, 그리고 어린이들에게 다양한 방식의 책 만들기 활동에 대한 즐거움과 만족감을 느끼도록 이끌어줄 것이다. 이를 위해 그 두 번째 과정으로 최유경유아놀이교육연구소에서 실시하고 있는 「책 만들기를 통한 문해 활동 전문가과정(초급)」의 12주 교육과정 중 4주~6주 동안 진행되는 교육내용을 중심으로 구성하였다. 책 만들기의 기초가 되는 병풍 접기에서 한 걸음 나아가 접기와 자르기, 양문 접기, 좌우 교대 접기, 큰 책, 날개 달린 책, 모양 병풍책 십자 접기, 그리고 뚜껑 달린 책 만들기를 통해 구조적으로 다양한 방식의 책을 경험하게 될 것이다. 교육현장에서 책 만들기 활동을 교육 영역 전반에 걸쳐 통합적으로 활용할 수 있도록 도움을 주고자 좋은 그림책뿐만 아니라 생활 주변의 사물과 사건을 재료로 창의적인 문해 활동을 경험할 수 있도록 언어, 수, 과학, 조형 미술, 음악 활동을 폭넓게 다루었다. 한정된 지면을 통해 다양한 활동을 소개하려는 욕심에 확장 활동에 대한 세심한 설명을 담지 못한 부분이 아쉬움으로 남으나 이는 지도하는 교사의 자유롭고 창의적인 수업 계획의 몫으로 남겨두고자 한다.

책 만들기에 첫 발을 내딛는 교사와 부모, 만 3세~6세 어린이뿐만 아니라 초등학교와 중 · 고등학교의 글쓰기 교육과 독서 교육에 폭넓게 활용될 수 있도록 활동 방법과 절차를 상세히 설명하였고 어린이들과 작가의 작품을 통해 활동에 대한 이해의 폭을 넓힐 수 있도록 다양한 유형의 책을 Gallery를 통해 소개하였다. 더불어 교육현장과 가정에서 교사와 부모의 수업 준비를 직접적으로 지원하고 아름다운 책 만들기를 이끌어줄 수 있도록 CD-ROM을 부록으로 제작하였다. CD-ROM에는 이 책에 소개된 '나만의 책'을 만들기 위한 생각 모으기 활동지와 라벨을 이용한 활동자료를 담았다.

「책 만들기를 통한 창의적 언어교육 I」에 이어 연구위탁기관으로 긴 시간 성심껏 참여해 주신 꿈꾸는 아이들 어린이집 · 드림시드어린이집 · 수원여자대학부설어린이집 · 아이사랑어린이집 · 아이비키즈스쿨 · 영재들의 작은 학교 · 혜전대학부속유치원과 수업을 계획하고 어린이들과의 활동을 이끌어주신 선생님들, 무한한 상상력과 아름다운 표현으로 세상에 하나밖에 없는 책을 만들고 이를 보내 준 어린이들, 본 연구소의 「책 만들기를 통한 문해 활동 전문가과정」을 통하여 연구 활동에 협조해 주신 선생님들, 아름다운 편집을 위해 수고해 주신 디자이너 이홍님, 그리고 작품 제작과 촬영을 위해 수고해 주신 최유정 선생님께 진심으로 감사의 인사를 드립니다.

더불어 어린이의 아름다운 생각 주머니를 사랑하고 창의적인 생각과 아름다운 표현을 이끌어내기 위하여 끊임없는 탐구와 성찰의 과정에 서 계신 이 땅의 선생님들께 이 책이 작은 도움이 되기를 바라며 문학적 수준으로의 읽기와 쓰기를 꿈꾸는 어린 예술가들에게 이 책을 바칩니다.

2006년 3월

최유경유아놀이교육연구소 소장 최 유 경

CHAPTER 1 끈 달린 병풍책을 활용한 문해 활동

CHAPTER 2 양문 접기를 활용한 문해 활동

CHAPTER 3 좌우 교대 접기를 활용한 문해 활동

CHAPTER 4 큰 책을 활용한 문해 활동

CHAPTER 5 날개 달린 책을 활용한 문해 활동

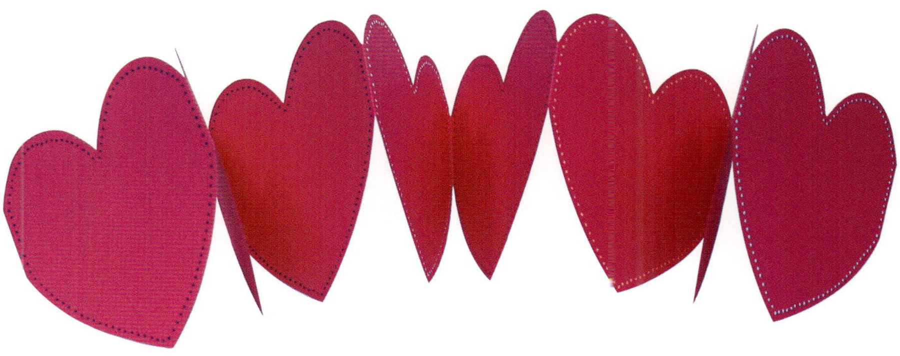

연구위탁기관

꿈꾸는 아이들 어린이집 · 드림시드어린이집 · 수원여자대학부설어린이집 · 아이사랑어린이집
아이비키즈스쿨 · 영재들의 작은 학교 · 혜전대학부속유치원

지도교사

나현숙 · 류경숙 · 석원희 · 송지예 · 신은경 · 윤영란 · 윤영미 · 이은희 · 정선미 · 최유정 · 홍희정

함께 한 어린이들

조윤재(만 2세)

김시현 · 박연준 · 조윤재(이상 만 3세)

김가윤 · 김경아 · 김보래 · 김정찬 · 박지현 · 전태현 · 최수빈 · 최가희(이상 만 4세)

김다운 · 김동휘 · 김병수 · 김수진 · 김예진 · 김지수 · 김택건 · 박수현 · 박예지 · 송신영 · 송준근 · 신민정
신아름 · 신은철 · 신현준 · 엄희윤 · 오동혁 · 유진홍 · 윤성한 · 윤주희 · 윤호곤 · 이다혜 · 이상훈 · 이예현
이재빈 · 이진희 · 임도현 · 전상현 · 장태혁 · 정세린 · 조소영 · 최성원 · 홍다빈 · 황성연(이상 만 5세)

강혜민 · 김동민 · 김진성 · 문민선 · 오지현 · 이선영 · 최문기 · 홍예빈(이상 만 6세)

김가연 · 김예진 · 노연주 · 민혁기 · 박경민 · 박세정 · 신민기 · 신현호 · 신혜민 · 이영재 · 이예인 · 정용수
정재헌 · 조범수 · 최찬희(이상 만 7세)

작품협찬

강명숙 · 박순애 · 송영애 · 이덩주 · 오은주 · 음윤희 · 정은미 · 조미옥 · 조은수 · 조희정 · 최필녀 선생님
현대열린어린이집 친구들 : 권지은 · 김관민 · 김민솔 · 김영원 · 김윤정 · 노유진 · 심규호 · 윤성찬 · 이창수
임지인 · 장재혁 · 전지은 · 전찬호
쑥쑥 크는 어린이집 친구들 : 김미령 · 김성아 · 김수빈 · 문새봄 · 문지원 · 박유진 · 방기원 · 서자하 · 소강만
여선경 · 이소희 · 이수민 · 이준영 · 이진재
강리나 · 강보나 · 강비오 · 김찬영 · 김찬진 · 남기대 · 남준영 · 백수빈 · 박수현 · 박예지 · 서관혁 · 이승준
정장완 · 정지훈 · 채민지 어린이

CD-ROM 실행 방법

CD-ROM에는 책 만들기에 필요한 생각 모으기 활동지와 활동 라벨이 문서 파일 한글 2002로 제작(한글 프로그램 미설치자를 위한 한글 viewer 설치)되어 있습니다. CD-ROM을 CD drive에 삽입하면 프로그램이 자동 실행되고 사용하고자 하는 생각 모으기 활동지 또는 활동 라벨 제목을 클릭하면 문서가 열립니다. CD-ROM에 실린 자료 목록은 부록에 소개되어 있으므로 이를 참고하시기 바랍니다.

CD-ROM 활용 방법

CD-ROM의 자료를 사용할 때에는 선택한 자료의 유형을 확인하고 흑백 또는 컬러 프린터에 적합한 용지(A4 복사용지 또는 Formtec Label)를 삽입하여 흑백 또는 컬러 출력합니다. 생각 모으기 자료는 흑백으로 제작되어 있고 라벨 자료는 흑백과 컬러로 각각 제작되어 있으므로 원하는 유형의 라벨을 선택하여 흑백 또는 컬러 인쇄합니다. 사용하는 자료가 Formtec Label인 경우 제품은 시중 문구점에서 구입할 수 있으며, 각각의 제품은 30매 또는 100매 단위로 포장되어 판매되고 있습니다. 생각 모으기 활동지는 A4 복사용지 크기에 맞추어 제작되어 있으므로 복사용지(80g/㎡) 또는 A4 크기의 다양한 용지를 이용하여 복사할 수 있습니다. 단, 사용하는 어린이의 발달단계 또는 활동 유형에 따라 A4 용지가 작은 경우 B4 또는 A3 용지에 확대 복사하여 사용할 수 있으며, 확대 복사하여 사용할 경우 확대 비율은 다음과 같습니다.

▷ A4 → B4 확대 시 122%　　▷ A4 → A3 확대 시 141%

모양 본 제작 방법 및 사용방법

본 책에 소개된 작품을 제작할 수 있는 모양 본이 부록을 통해 제공되어 있습니다.

모양 본을 제작하는 방법은 다음과 같습니다.

① 부록에서 사용하고자 하는 모양 본을 복사합니다. 이때 원하는 크기로 확대 또는 축소 복사합니다.

② 복사한 종이의 모양 선을 따라 자릅니다.

③ 선을 따라 자른 모양 종이를 마분지(500g) 또는 PP 필름(400mic)에 올려놓고 유성펜을 이용하여 모양을 본 뜹니다.

④ 모양을 본 뜬 마분지 또는 PP 필름을 선을 따라 자릅니다.

⑤ 모양 본이 뾰족한 경우 어린이에게 제공하기 전에 사용 전 주의사항을 알려주어야 합니다

CD-ROM 자료 사용 시 주의할 점

CD-ROM 자료 사용은 다음의 규정에 따릅니다.

1. CD-ROM에 실린 자료는 계약을 통해 허용한 경우를 제외하고 어떠한 부분도 출판물로 다시 만들거나 데이터로 저장될 수 없습니다. 또 서면 허가 없이는 어떤 방법으로나 형식으로도 다른 곳에 인용될 수 없으며 이에 대한 문의는 출판사로 연락하시기 바랍니다.
2. CD-ROM의 자료 사용은 교육 기관 및 가정의 교육 활동 내에서 허용됩니다.
3. CD-ROM의 자료는 판매하거나 대여하지 못합니다.

작품의 무단 복제 및 전제 금지

최유경유아놀이교육연구소 책 만들기 시리즈 2
문학적 수준으로의 읽기와 쓰기를 위한 예술가로의 첫 발
책 만들기를 통한 창의적 언어교육 Ⅱ
FOR FOLD, CUT, OX-FLOW, FLIP & FLAP BOOKS

초판 1쇄 인쇄 2006년 4월
초판 1쇄 발행 2006년 4월

저 자 최 유 경
발 행 인 최 유 경
발 행 처 WOWPLAY
디자이너 이 홍
CD 제작 (주)CAMP
인 쇄 성인문화사

서울특별시 성동구 성수2가 1동 328-8번지 2F
전 화 02-2205-4993
F A X 02-2205-4999
Home-page http://www.wowplay.org
E-mail wowplay@wowplay.org
등 록 2005. 1. 26. 제 303-2005-00004호

ISBN 89-91911-02-1 (세트)
89-91911-03-X

ISBN(CD-ROM)
89-91911-02-1 (세트)
89-91911-04-8

정 가 1세트(CD 1매 포함) 32,000원

CHAPTER 1

끈 달린 병풍책을 활용한 문해 활동

Literacy Activity through String with Accordion Books

- 비밀이야기
- 스크랩북(SCRAPBOOK)
- 달력 수첩

비밀이야기

LOVING. 2003. 1080mm×135mm

참고도서

- 몰리 뱅(2000). 쇼피가 화나면, 정말 정말 화나면…. 서울 : 케이유니버스.
- 데이빗 섀논(1999). 유치원에 간 데이빗. 서울 : 지경사.

※ 일기 : 날마다 생긴 일, 또는 느낌 같은 것을 적은 기록

비밀이야기 생각 모으기

Q. 일기는 왜 쓰는 것일까요?

A.

Q. 일기에는 어떤 이야기를 담을 수 있을까요?

A.

Q. 일기에 적어야 할 내용은 무엇일까요?

A.

Q. 일기장을 이용하여 할 수 있는 활동을 적어보세요.

A.

Q. 병풍책에 끈을 달 수 있는 다양한 방법을 적어 보세요.

A.

자료 준비하기

- 수업용 끈 달린 일기장을 제작한다.
- 병풍책 1080㎜×195㎜ 1매, 속지 카드 115㎜×175㎜ 10매를 준비한다.
- 끈(500㎜) 1줄, 모양 종이(머메이드 또는 스타드림 용지) 2장 또는 모양 접착 펠트 2장을 준비한다.
- 날짜 라벨 3621(CD-ROM)을 Formtec Label 3621에 출력한다.

도구 준비하기

- 연필
- 색연필
- 사인펜
- 색종이
- 머메이드
- 스타드림
- 모양 펀치
- 접착펠트
- 가위
- 풀
- 본드
- 면봉
- 본드판
- 끈
- 장식 재료
- 팬시 라벨
- 날씨 스티커
- 날씨 도장
- 요일 도장
- 숫자 도장

김선영(만 6세). 하늘빛일기. 1080㎜×195㎜.

신현준(만 5세). 나만의 비밀상자. 1080㎜×195㎜.

활동하기에 앞서

- 앞표지에 입체적 자료를 사용하여 꾸미는 경우 일주일 동안의 일기를 모두 담은 후 앞표지를 꾸민다.
- 병풍책에 사용하는 끈은 넓이가 넓고(1㎝~1.5㎝ 정도) 두께가 얇은 것을 사용해야 책을 지탱하면서 글과 그림을 담을 때 종이가 훼손되는 것을 줄일 수 있다.

- 날짜 라벨을 사용하지 않고 병풍책에 직접 날짜와 날씨를 적거나 팬시 라벨, 모양 종이, 날씨 스티커, 날씨 도장, 숫자 도장, 요일 도장 등을 이용하여 날짜, 요일, 그리고 날씨를 표현하도록 할 수 있다.
- 리본 끈을 붙일 때 사용하는 모양 종이는 머메이드(186g) 또는 스타드림(200g)과 같은 두꺼운 종이를 사용한다.
- 글을 쓰기 어려워하는 어린이들과 활동할 경우 그림으로 그리도록 격려하고 그림에 대한 이야기를 받아 적어준다.
- 일기는 반드시 저녁에 적어야 하는 것은 아니다. 하루 일과 중 자유선택활동 시간이나 귀가 시간 이전에 즐거웠던 놀이나 하고 싶은 이야기 등을 자유롭게 담아보도록 하거나 일기장을 집으로 가져가서 가정에서 매일 저녁 활동하도록 할 수 있다.
- 병풍책의 색깔이 짙은 색인 경우 하얀색 속지 카드에 표현하고 병풍책에 붙이도록 지도한다.

비밀이야기 책 소개하고 생각 모으기

- 수업용 비밀이야기 책을 소개하고 어떻게 만들고 무엇을 표현할 수 있는지 이야기 나눈다.

Q. 이 병풍책에 무엇이 달려있니?
Q. 왜 끈을 달아 묶었을까?
Q. 끈은 무엇을 이용하여 붙일 수 있을까?
Q. 끈 달린 병풍책에 무엇을 담을 수 있을까?
Q. 하루 동안 있었던 일 중에 기억나는 일과 느낌을 적는 것을 무엇이라고 할까?
Q. 집에 가기 전에 유치원(또는 어린이집)에서 있었던 이야기를 담으려면 어떻게 해야 할까?

- 원에서 일기를 적을 경우 오후 자유선택활동 시간이나 귀가지도 이전에 적정한 시간을 마련하여 하루 일과 중 기억에 남는 일이나 느낀 점 등을 표현할 수 있도록 지도한다.

비밀이야기 책 만들기

① 4면 병풍책 접기

- 병풍책 종이를 지그재그로 접어서 4면 병풍책을 만든다.

② 8면 병풍책 접기

- 4면 병풍책 종이를 다시 지그재그로 접어서 8면 병풍책을 만든다.

③ 날짜 라벨 붙이기

- 날짜 라벨을 떼어서 1면부터 7면까지 각 면의 중앙 윗부분에 한 매씩 붙인다.
- 8면은 빈 팬시 라벨을 붙이고 자유로운 주제를 정하여 제목을 적는다.
- 위와 달리 1면에 빈 팬시 라벨을 붙이고 2면부터 8면에 날짜 라벨을 붙이도록 할 수 있다.
- 날짜 라벨을 사용하지 않고 각 면에 직접 날짜를 적거나 팬시 라벨을 붙이고 날짜를 쓰도록 할 수 있다.
- 매일 매일 쓰는 일기가 아닌 경우 1면부터 8면까지 전체 면에 날짜 라벨을 붙이고 여러 주일에 걸쳐 이야기를 담도록 할 수 있다.

④ 끈 달기

- 8면 병풍책의 앞표지와 뒤표지를 마주 보게 펼친 후 중간 부분에 끈을 놓는다.
- 모양 종이에 접착제를 묻혀 병풍책 위에 놓인 끈 위에 붙인다. 이때 끈을 너무 팽팽히 잡아당기지 않고 약간의 여유를 두어 붙여야 책을 펼치는데 무리가 없다.
- 모양 종이 대신에 접착 펠트 또는 속지 카드를 이용하여 끈을 붙일 수 있다.
- 접착 펠트를 사용하는 경우 다양한 모양으로 오려서 제공하거나 가위 사용이 능숙한 어린이의 경우 스스로 원하는 모양을 오려서 붙이도록 격려한다.

⑤ 앞표지 꾸미기

- 끈을 두른 병풍책의 앞표지에 일기장의 제목과 지은이를 적는다.
- 출판사 명을 정하여 적을 수 있다.
- 병풍책에 붙인 끈을 제외한 부분에 자유롭게 앞표지 그림을 그려 꾸미거나 다양한 재료를 이용하여 장식한다.
- 앞표지에 입체적인 재료를 이용하여 꾸밀 경우 일기를 완성한 후 마지막 날에 꾸미도록 지도한다.

⑥ 일기 쓰기

- 날짜, 요일, 그리고 날씨를 적고 하루 동안 기억에 남는 일과 느낌을 글과 그림으로 표현한다.
- 글을 쓰기 어려워하는 어린이의 경우 그림으로 그리도록 격려하고 그림에 대한 이야기를 받아 적어준다.
- 원에서 하루 일과를 중심으로 표현할 경우 교사는 당일 동안 진행된 특정 활동이나 주제를 제시하고 이에 대한 느낌과 생각을 표현하도록 지도할 수 있다.
- 8면에는 일주일 동안 기뻤던 일이나 슬펐던 일, 또는 다음 주에 하고 싶은 일이나 해야 할 일에 대하여 표현하거나 일주일 동안 활동했던 사진을 붙일 수 있다.
- 이와 달리 1면을 남겨두고 2면부터 8면까지 날짜 라벨을 붙인 경우 일주일 간의 이야기를 모두 담은 후 1면에 헌정사를 적거나 일기장을 끝맺음한 느낌이나 감상을 담아보도록 할 수 있다.

소개하기 · 감상하기

- 일기장을 어떻게 꾸몄는지, 어떤 이야기를 담았는지 소개한다.
- 특별한 이야기나 재미있는 이야기를 담은 경우 소개하도록 격려한다.
- 일기를 쓰면서 느꼈던 점에 대하여 이야기 나눈다.
- 교실의 한 공간을 마련하여 완성된 끈 달린 일기장을 서로 감상할 수 있도록 전시한다.
- 일기장의 경우 개인적인 내용을 담는 활동이므로 반드시 소개하거나 전시할 필요는 없다.
- 개별적으로 발표를 원하거나 전시하고자 하는 어린이들의 경우 소개할 수 있는 기회를 제공한다.

Gallery

신현준(만 5세). 나만의 비밀상자. 1080㎜×195㎜.

김선영(만 6세). 하늘빛일기. 1080㎜×195㎜.

Gallery

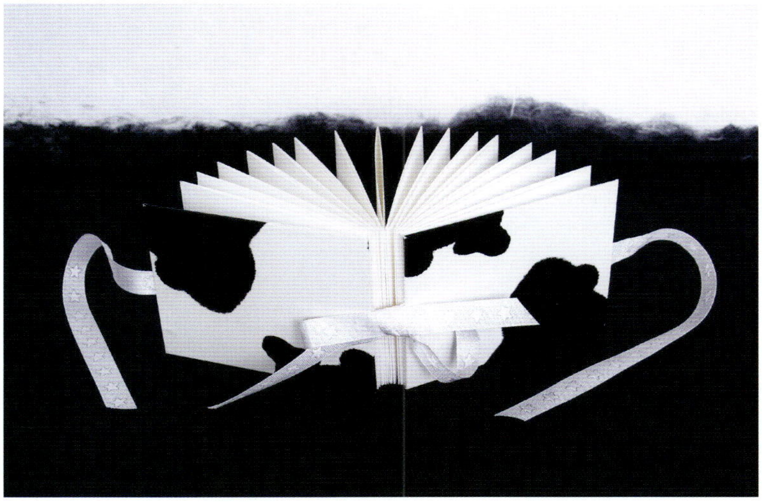

암소 로자의 운동일지. 2002. 2160㎜×100㎜.

JURASSIC PARK. 2003. 1080㎜×135㎜.

GHOST. 2002. 1080㎜×195㎜.

스크랩북(SCRAPBOOK)

MY MOVIE GALLERY · MY MOVIE STAR. 2001. 1700㎜×170㎜.

참고도서

- 도널드 크루즈(1996). 화물열차. 서울 : 시공주니어.
- 이보나 흐미엘리프스차 그림 · 이지원 기획. 생각하는 ㄱㄴㄷ. 서울 : 논장.

※ 스크랩 : 조각, 파편, 부스러기의 뜻. 신문, 잡지 등에서 도려 낸 조각
스크랩북 : 신문, 잡지 등에서 필요한 부분만을 오려내어 붙인 책

스크랩북(SCRAPBOOK) 생각 모으기

Q. 스크랩(scrap)이란 무엇일까요?
A.
Q. 스크랩(scrap)은 왜 하는 것일까요?
A.
Q. 스크랩(scrap) 할 수 있는 것에는 무엇이 있을까요?
A.
Q. 어린이들이 스크랩할 수 있는 것에는 무엇이 있을까요?
A.
Q. 스크랩북을 이용하여 할 수 있는 활동을 적어보세요.
A.

자료 준비하기

- 수업용 스크랩북을 제작한다.
- 병풍책 1080㎜×135㎜ 1매, 속지 카드 115㎜×115㎜ 9매를 준비한다.
- 끈(500㎜) 1줄, 모양 종이(머메이드 또는 스타드림 용지) 2장 또는 모양 접착 펠트 2장을 준비한다.
- 날짜 라벨 3621(CD-ROM)을 Formtec Label 3621 라벨용지에 출력한다.
- 판권면 라벨 3108 · 3114 · 3116(CD-ROM)을 Formtec Label 3108 · 3114 · 3116 라벨용지에 컬러 출력한다.

도구 준비하기

- 연필
- 색연필
- 사인펜
- 색종이
- 머메이드
- 스타드림
- 모양 펀치
- 접착펠트
- 가위
- 풀
- 본드
- 면봉
- 본드판
- 끈
- 팬시라벨
- 장식 재료

김정찬(만 4세). 오려서 붙여요. 1080㎜×100㎜.

활동하기에 앞서

- 병풍책에 사용하는 끈은 넓이가 넓고(1㎝~1.5㎝ 정도) 두께가 얇은 것을 사용해야 책을 지탱하면서 글과 그림을 담을 때 종이가 훼손되는 것을 줄일 수 있다.
- 리본 끈을 붙일 때 사용하는 모양 종이는 머메이드(186g) 또는 스타드림(200g)과 같은 두꺼운 종이를 사용한다.
- 스크랩 유형에 따라 병풍책의 크기를 크거나 작게 조절하여 제작한다.
- 개별적으로 스크랩하기 어려운 경우 그룹으로 스크랩할 수 있는 것에 대한 생각을 모으고 함께 구성하도록 지도한다.
- 가정에서 부모님이나 가족들이 만든 스크랩북이 있는 경우 가져와서 소개하는 시간을 갖는다.

스크랩북 소개하고 생각 모으기

- 수업용 스크랩북을 소개하고 어떻게 만들고 무엇을 스크랩할 수 있는지 이야기 나눈다.

Q. 신문이나 잡지에서 필요한 부분만을 오려낸 조각들을 무엇이라고 할까?

Q. 신문이나 잡지에서 필요한 부분만을 오려낸 조각들을 붙인 책을 무엇이라고 할까?

Q. 왜 스크랩북을 만드는 것일까?

Q. 스크랩북을 만들 수 있는 것에는 무엇이 있을까?

Q. 만들고 싶거나 모으고 싶은 것에는 무엇이 있니?

Q. 내가 모은 것들을 소개하려면 어떤 이야기를 어떻게 담아야 할까?
- 프로젝트 수업을 진행하는 경우라면 주제에 따른 자료와 정보들을 찾아서 담아보도록 지도한다.

스크랩북 만들기

① 4면 병풍책 접기
- 병풍책 종이를 지그재그로 접어서 4면 병풍책을 만든다.

② 8면 병풍책 접기
- 4면 병풍책 종이를 다시 지그재그로 접어서 8면 병풍책을 만든다.

③ 끈 달기(13쪽 참고)
- 8면 병풍책의 앞표지와 뒤표지를 마주 보게 펼치고 중간 부분에 끈을 붙인다.

④ 앞표지 꾸미기
- 끈을 두른 병풍책의 앞표지에 제목, 지은이, 출판사 명을 적는다.
- 병풍책에 붙인 끈을 제외한 부분에 자유롭게 앞표지 그림을 그려 꾸미거나 다양한 재료를 이용하여 장식한다.
- 앞표지에 입체적인 재료를 이용하여 꾸밀 경우 스크랩을 완성한 후 마지막 날에 꾸미도록 지도한다.

⑤ 스크랩하기
- 각각의 본문 면에 날짜 라벨이나 팬시 라벨을 붙이고 스크랩 한 날짜를 적는다.
- 각각의 면에 수집한 것들을 차례대로 붙인다.
- 수집한 물건 주변이나 빈 공간을 이용하여 수집한 물건에 대한 이야기나 생각을 글과 그림으로 표현한다.

⑥ 뒤표지 꾸미기
- 뒤표지에 펴낸 날, 펴낸이, 펴낸 곳, 정가 등을 쓰고 바코드를 그리거나 오려 붙인다.
- 판권면 라벨을 사용할 수 있다.
- 책 만들기 경험이 풍부한 어린이들을 대상으로 활동하는 경우 ISBN을 표기하도록 할 수 있다.
- ISBN 표기 방법은 『책 만들기를 통한 창의적 언어교육 I (최유경 저, WOWPLAY)』을 참고한다.

소개하기 · 감상하기

- 무엇을 수집했는지, 수집 방법, 그리고 수집한 물건의 특징 등에 대하여 소개한다.
- 수집한 물건이 독특하거나 재미있는 스크랩북에 대하여 알아본다.
- 스크랩북을 만들면서 느낀 것이나 어려웠던 점에 대하여 이야기 나눈다.
- 수집한 것을 잘 소개하고 보관하려면 어떤 이야기를 담아야 하는지, 어떻게 모아야 하는지에 대하여 알아본다.
- 앞으로 수집하고 싶은 것에 대하여 이야기 나눈다.
- 교실의 한 공간을 마련하여 완성된 스크랩북을 서로 감상할 수 있도록 전시한다.

Gallery

김정찬(만 4세). 오려서 붙여요. 1080㎜×100㎜.

달력 수첩

2007. 2005. 1620㎜×195㎜.

참고도서

- 레오 리오니(2005). 한 해 열두 달. 서울 : 마루벌.
- 가노 준코(1999). 있잖아요 산타마을에서는요…. 서울 : 길벗어린이.

※ 달력 : 일년 중의 시령(時令), 즉 월, 일, 24절후, 요일, 행사일, 해의 출몰, 달의 영허, 일식, 월식 등의 사항을 날짜를 따라 기재해 놓은 것.
수첩 : 몸에 지니고 다니며 수시로 여러 가지 일을 적어 두는 썩 작은 책.
: 여러 가지 증명 쪽지를 모아서 엮은 썩 작은 책.

달력 수첩 생각 모으기

Q. 달력은 왜 만들어졌을까요?

A.

Q. 달력이 없다면 어떤 어려움이 생길까요?

A.

Q. 달력에 담을 수 있는 이야기를 적어 보세요.

A.

Q. 달력 수첩을 이용하여 할 수 있는 활동을 적어보세요.

A.

자료 준비하기

- 수업용 달력 수첩을 제작한다.
- 병풍책① 1080㎜×195㎜ 1매, 병풍책② 540㎜×195㎜ 1매, 속지 카드 115㎜×175㎜ 1매, 연결 카드 30㎜×195㎜ 1매를 준비한다.
- 끈(500㎜) 1줄, 모양 종이(머메이드 또는 스타드림 용지) 2장 또는 모양 접착 펠트 2장을 준비한다.
- 달력 활동지(CD-ROM)와 달력 생각 모으기(CD-ROM)를 A4복사용지에 컬러 출력하거나 흑백 출력한다.
- 다양한 종류의 팬시 라벨을 준비한다.
- 어린이들마다 개별적으로 탁상달력을 가지고 오도록 한다.

도구 준비하기

- 연필
- 색연필
- 사인펜
- 색종이
- 머메이드
- 스타드림
- 모양 펀치
- 접착 펠트
- 가위
- 풀
- 본드
- 면봉
- 본드판
- 컬러 스탬프
- 숫자 도장
- 요일 도장
- 장식 재료
- 끈
- 잡지
- 전단지

문민선(만 6세). 2006. 1620㎜×195㎜.

최찬희(만 7세). 2006. 1620㎜×195㎜.

신혜민(만 7세). 2006. 1620㎜×195㎜.

신현호(만 7세). 2006. 1620㎜×195㎜.

활동하기에 앞서

- 앞표지에 입체적 자료를 사용하여 꾸미는 경우 달력 수첩의 내용을 모두 담은 후 앞표지를 꾸민다.
- 8면 병풍책과 4면 병풍책을 연결하여 12면 병풍책을 만들기 어려워하는 경우에는 교사가 연결하여 12면 병풍책을 제공한다.

- 병풍책에 사용하는 끈은 넓이가 넓고(1㎝~1.5㎝ 정도) 두께가 얇은 것을 사용해야 책을 지탱하면서 글과 그림을 담을 때 종이가 훼손되는 것을 줄일 수 있다.
- 리본 끈을 붙일 때 사용하는 모양 종이는 머메이드(186g) 또는 스타드림(200g)과 같은 두꺼운 종이를 사용한다.
- 연령이 높은 어린이들의 경우 달력 생각 모으기 활동지를 활용하여 달력책을 어떻게 꾸미고 어떤 이야기를 담을 것인지 계획을 세우도록 할 수 있다.
- 달력 활동지(CD-ROM) 중에 어린이의 연령에 따라 적절한 종류를 선택하여 출력하고 여백 5㎜를 남겨두고 오려서 제공한다.
- 가위 사용이 익숙한 어린이의 경우 달력 활동지를 스스로 오려서 사용하도록 지도한다.
- 달력수첩을 만들기 전에 만들고자 하는 년도의 탁상 달력을 개별적으로 가져오게 하고 탁상 달력을 보며 달력 수첩을 만들어가도록 지도한다.
- 12장의 달력을 만들고 이야기를 담으려면 장시간이 소요되므로 12월 초부터 시작하여 일주일에 3~4회씩 진행하고 4주간에 걸쳐 완성할 수 있도록 지도하는 것이 적절하다.

달력 수첩 소개하고 생각 모으기

- 수업용 끈 달린 달력 수첩을 소개하고 달력 수첩을 어떻게 꾸미고 표현할 수 있는지 이야기 나눈다.

Q. 이 끈 달린 병풍책에 무엇이 들어있니?
Q. 달력은 무엇에 대하여 알려 주는 것일까?
Q. 달력에는 어떤 것들이 들어있니?
Q. 1년은 몇 월(또는 몇 달)로 이루어져 있을까?
Q. 만약 달력이 없다면 어떤 일이 일어날까?
Q. 이 책의 이름은 무엇이라고 부를 수 있을까?
Q. 달력에 있는 월, 일, 요일은 무엇을 이용하여 표현할 수 있을까?
Q. 달력 수첩에 어떤 것들을 적을 수 있을까?

- 달력 수첩에 적거나 꾸밀 수 있는 다양한 방법에 대하여 이야기 나눈다.
- 달력 생각 모으기 활동지를 이용하여 달력 수첩을 어떻게 꾸미고 어떤 이야기를 담을 것인지 계획을 세우도록 격려한다.

달력 수첩 만들기

① 4면 병풍책 접기

- 병풍책 종이①(1080㎜×195㎜)를 지그재그로 접어서 4면 병풍책을 만든다.

② 8면 병풍책 접기

- 4면 병풍책 종이를 다시 지그재그로 접어서 8면 병풍책을 만든다.

③ 4면 병풍책 접기

- 병풍책 종이②(540㎜×195㎜)를 지그재그로 접어서 4면 병풍책을 만든다.

④ 병풍책 ①·② 연결하기

- 연결 카드(30㎜×195㎜)를 길게 반으로 접었다 펼친 후 연결 카드의 앞면에 풀칠한다.
- 풀칠한 연결 카드 양쪽 면에 각각 8면 병풍책과 4면 병풍책을 붙여서 12면 병풍책을 만든다.

❶ 연결 카드를 길게 반으로 접는다.
❷ 반으로 접은 연결 카드를 펼쳐서 풀칠한다.

❸ 연결 카드의 한 면에 1권의 책을 붙인다.
❹ 연결 카드의 나머지 면에 다른 1권의 책을 붙인다.

⑤ 끈 달기(13쪽 참고)

- 12면 병풍책의 앞표지와 뒤표지를 마주 보게 펼치고 중간 부분에 끈을 붙인다.

⑥ 앞표지 꾸미기

- 끈을 두른 병풍책의 앞표지에 달력 수첩의 제목, 지은이, 출판사 명을 적는다.
- 병풍책에 붙인 끈을 제외한 부분에 자유롭게 앞표지 그림을 그려 꾸미거나 다양한 재료를 이용하여 장식한다.
- 앞표지에 입체적인 재료를 이용하여 꾸밀 경우 달력을 완성한 후 마지막에 꾸미도록 지도한다.
- 병풍책의 색깔이 짙은 색인 경우 하얀색 속지 카드를 붙이고 표현하도록 지도한다.

⑦ 달력 활동지 꾸미기

- 12면 병풍책의 각각의 면에 달력 활동지를 차례로 풀칠하여 붙인다.
- 숫자 도장, 요일 도장, 숫자 스티커 등을 이용하여 다양한 방법으로 각각의 달력을 완성한다.
- 월, 일, 요일이 완성된 달력에 각 월마다 기념일, 행사, 계획 등을 다양한 재료를 이용하여 자유로이 꾸민다.
- 달력 수첩에 내용을 담아가는 과정은 가족이 모여서 1년 동안 꾸준히 진행하도록 격려한다.
- 완성한 달력 수첩은 가정으로 가져가서 피아노 또는 신발장 같은 선반 위에 펼쳐서 올려놓도록 한다.

소개하기 · 감상하기

- 달력 수첩을 어떻게 꾸몄는지, 어떤 이야기를 담았는지 소개한다.
- 독특하거나 아름답게 꾸민 달력 수첩을 선정한다.
- 특별한 계획이나 이야기가 있는 경우 소개하도록 격려한다.
- 달력 수첩을 만들면서 느꼈던 점에 대하여 이야기 나눈다.
- 달력 수첩을 만들면서 어렵거나 힘들었던 점이 있었는지 알아본다.
- 달력 수첩을 이용하여 할 수 있는 새로운 활동에 대하여 이야기 나눈다.
- 교실의 한 공간을 마련하여 완성된 달력 수첩을 서로 감상할 수 있도록 전시한다.

Gallery

2007. 2005. 1620㎜×195㎜.

FUNNY YEAR · HAPPY YEAR 2006. 2005. 945㎜×195㎜.

✲ 7면 병풍책을 이용하면 재미있는 양면 달력 수첩을 만들 수 있다. 앞면에는 표지(FUNNY YEAR 2006)와 1월부터 6월까지를 각각의 면에 담고, 뒷면에는 표지(HAPPY YEAR 2006)와 7월부터 12월까지 각각의 면에 담는다. 양면 달력 수첩을 만들 때 주의해야 할 점은 두 개의 끈을 이용해야 한다는 점이다. 앞면 표지에 한 개의 줄을 달고 뒷면 표지에 다른 한 개의 줄을 달음으로써 앞면과 뒷면을 모두 사용할 수 있는 형태의 양면 병풍책이 만들어진다.

CHAPTER 2

양문 접기를 활용한 문해 활동

Literacy Activity through French Door Books

- MERRY CHRISTMAS!
- 눈 오는 날
- 봄 · 여름 · 가을 · 겨울
- 달달이와 콤콤이의 음식 창고

MERRY CHRISTMAS!

MERRY CHRISTMASⅢ · 사랑이 싹트면. 2003. 270㎜×135㎜.

참고도서

- 레이먼드 브릭스(1995). 산타할아버지. 서울 : 비룡소.

참고도서

- 가노 준코(1999). 있잖아요 산타마을에서는요…. 서울 : 길벗어린이.
- 레이먼드 브릭스(1995). 산타할아버지의 휴가. 서울 : 비룡소.
- 말라 프레이지(2005). 산타할아버지는 세계 제일의 장난감 전문가. 서울 : 넥서스주니어.
- 샌디 터너(2001). 멍멍 컹컹 산타 월월 크로스. 서울 : 교학사.

MERRY CHRISTMAS 생각 모으기

Q. 양문 접기를 이용하여 할 수 있는 활동을 적어보세요.

A.

Q. 양문 접기로 만든 카드에 손잡이를 만들어 붙일 수 있는 다양한 방법을 적어보세요.

A.

Q. 양문 접기로 만든 카드에 붙일 수 있는 다양한 손잡이 모양을 만들어 보세요.

A.

Q. 양문 접기를 이용하여 만든 손잡이 카드는 어떤 방법으로 꾸밀 수 있을까요?

A.

자료 준비하기

- 수업용 MERRY CHRISTMAS 카드를 제작한다.
- 카드 270㎜×195㎜ 1매, 손잡이 카드 135㎜×135㎜ 2매를 준비한다.
- 판권면 라벨 3108 또는 3114(CD-ROM)를 Formtec Label 3108 또는 3114 라벨용지에 컬러 출력한다.
- PP 필름(400mic)이나 마분지(500g)을 이용하여 카드 주제와 관련된 모양 본(부록 참고)을 제작한다.

도구 준비하기

- 연필
- 색연필
- 사인펜
- 크레파스
- 색종이
- 모양 펀치
- 가위
- 풀
- 본드
- 면봉
- 본드판
- 장식 재료
- 모양 본(부록)

김예진(만 5세). Merry Christmas. 270㎜×195㎜.

활동하기에 앞서

- 주인공 손잡이 카드는 크리스마스, 생일, 어버이날, 식목일, 한글날, 설날, 입학식, 졸업식, 각종 기념일과 행사 때마다 만들 수 있다.
  예) 크리스마스카드 : 크리스마스트리, 종, 별, 그리고 양말 등을 붙이고 산타할아버지께 받고 싶은 선물과 받고 싶은 이유 표현하기
  예) 어버이날 카드 : 사랑표를 붙이고 부모님께 하고 싶은 이야기와 감사 인사 표현하기
  예) 식목일 카드 : 나무를 붙이고 심고 싶은 나무, 내가 심은 나무가 자랐을 때 모습, 나무에게 해주고 싶은 말, 그리고 나무를 위해 내가 할 수 있는 것 표현하기
  예) 생일카드 : 케이크나 고깔모자를 붙이고 초대하는 글 또는 축하하는 글 표현하기
- 기념일이나 행사 내용에 알맞은 모양 본을 다양하게 만들어 제공하거나 원하는 모양을 만들어 꾸밀 수 있다.
- 양문 접기로 만든 카드에 손잡이 카드는 붙이지 않거나 손잡이 카드를 한 장만 접어서 앞표지의 한쪽 면에 원하는 방법으로 붙여서 앞표지를 꾸밀 수 있다.

MERRY CHRISTMAS 카드 소개하고 생각 모으기

- 수업용 MERRY CHRISTMAS 카드를 소개하고 어떻게 만들고 무엇을 표현해야 하는지 이야기 나눈다.

Q. 이 카드는 어떤 모양이니?

Q. 이 카드를 보면 무엇이 생각나니?
Q. 이렇게 마주 보게 접는 방법을 무슨 접기라고 할 수 있을까?
Q. 카드 앞면에 무엇이 달려있니?
Q. 카드에 왜 이런 손잡이를 붙였을까?
Q. 이 카드의 이름은 무엇이라고 부를 수 있을까?
Q. '크리스마스' 하면 무엇이 생각나니?
Q. 크리스마스에 하고 싶은 것은 무엇이니?
Q. 크리스마스에 보내는 카드를 무엇이라고 할까?
Q. 누구에게 크리스마스카드를 보내고 싶니?
Q. 크리스마스카드에는 어떤 이야기를 담을 수 있을까?
Q. 크리스마스카드의 앞면은 어떻게 꾸미고 싶니?

MERRY CHRISTMAS 카드 만들기

① 두 겹 접기

- 손잡이 카드를 반으로 접어서 2면 카드를 만든다.

② 양문 접기

- 카드를 펼쳐서 양쪽 날개를 중심선과 마주보도록 접는다.

③ 주인공 손잡이 카드 만들기

- 손잡이 카드 2장을 반으로 접는다.
- 두 장의 손잡이 카드를 원하는 모양으로 오린다.
- 이때 모양 본을 사용하여 똑같은 모양으로 오리도록 지도한다.
- 손잡이 카드를 1장만 만들어 붙일 경우 손잡이 카드를 반으로 접지 않고 오리도록 지도한다.

④ 주인공 손잡이 카드 붙이기

- 오려 둔 손잡이 카드 2장을 각각 한 쪽 면에만 풀칠하여 카드의 양쪽 날개 안쪽에 각각 붙인다.
- 이때 양쪽의 손잡이 카드 위치가 같게 붙이도록 지도한다.
- 손잡이 카드를 한 장만 붙일 경우 손잡이 카드 전체에 풀칠하지 않고 반쯤 풀칠하고 앞표지의 한 쪽 면에 비스듬히 붙이도록 지도한다.

⑤ 앞표지 꾸미기

- 제목이나 글을 쓰기 보다는 그림 도장이나 모양 종이를 이용하여 앞표지를 꾸미고 이름을 적는다.

⑥ 카드에 글 · 그림 담기

- 카드를 펼쳐서 생각 모으기에서 나온 이야기를 참고하여 크리스마스에 하고 싶은 것이나 좋아하는 친구 또는 산타 할아버지에게 하고 싶은 이야기를 글과 그림으로 자유로이 표현한다.

소개하기 · 감상하기

- 카드에 어떤 모양의 손잡이 카드를 붙였는지 소개한다.
- 주인공 손잡이 카드 모양이 독특하거나 아름다운 카드를 선정한다.
- 주인공 손잡이 카드를 재미있게 붙인 카드를 선정한다.
- 누구에게 보내는 카드인지, 어떤 이야기를 담았는지 소개한다.
- 주인공 손잡이 카드를 만들면서 어렵거나 힘들었던 점이 있었는지 이야기 나눈다.
- 주인공 손잡이 카드를 이용하여 할 수 있는 활동에 대하여 이야기 나눈다.
- 교실의 한 공간을 마련하여 완성된 MERRY CHRISTMAS 카드를 서로 감상할 수 있도록 전시한다.

Gallery

김예진(만 5세). Merry Christmas. 270㎜×195㎜.

조윤재(만 3세). 장갑이야기. 270㎜×195㎜.

Gallery

MERRY CHRISTMAS Ⅰ·Ⅱ. 2003. 270㎜×135㎜.

사랑이 싹트면. 2003. 270㎜×135㎜.

MERRY CHRISTMAS Ⅲ. 2003. 270㎜×135㎜.

CLAP! CLAP! CLAP! 2003. 270㎜×195㎜.
요술항아리. 2003. 270㎜×195㎜.

낙엽. 2002. 270㎜×195㎜.
가을에게 보내는 편지. 2002. 270㎜×195㎜.

✲ 주인공 손잡이 카드를 이용하여 특별한 날을 위한 카드뿐만 아니라 동시, 동요, 그림책의 이야기를 담거나 주인공에게 보내는 편지와 다양한 방법의 조형 미술 활동에 활용할 수 있다. 손잡이 카드는 활동 주제와 내용에 따라 사용하거나 사용하지 않을 수 있고 주인공 손잡이 카드를 붙이는 방법 또한 대칭 또는 비대칭의 방법을 융통성 있게 사용할 수 있다. 주인공 손잡이 카드를 2장씩 만들고 반으로 접어서 한 면에만 풀칠하여 붙이는 방법을 어려워하는 경우 한 장만 만들어 비대칭으로 붙이도록 할 수 있다.

눈 오는 날

장갑 I · II. 2003. 540mm×195mm.

활용도서

- 에즈라 잭 키츠(1995). 눈 오는 날. 서울: 비룡소.

참고도서

- 레이먼드 브릭스(1997). 눈사람 아저씨. 서울 : 마루벌.
- 유리 슐레비츠(1994). 비 오는 날. 서울 : 시공주니어.
- 데이비드 위스너(2002). 구름 공항. 서울 : 중앙출판사.

눈 오는 날 생각 모으기

Q. 4면 주인공 손잡이책을 이용하여 할 수 있는 활동을 적어보세요.

A.

Q. 4면 주인공 손잡이책의 본문 면을 구성하는 다양한 방법을 적어보세요.

A.

Q. 4면 주인공 손잡이책에 활용할 수 있는 그림책의 제목을 적어보세요.

A.

Q. 4면 주인공 손잡이책에 붙일 수 있는 다양한 손잡이 모양을 만들어 보세요.

A.

자료 준비하기

- 수업용 눈 오는 날 책을 제작한다.
- 병풍책 540㎜×195㎜ 1매, 손잡이 카드 135㎜×135㎜ 2매를 준비한다.
- 이야기 생각 모으기(CD-ROM)를 A4 복사용지에 출력한다.
- PP 필름(400mic)이나 마분지(500g)을 이용하여 그림책의 주인공이나 내용과 관련된 모양 본(부록 참고)을 제작한다.
- 판권면 라벨 3108 · 3114 · 3116(CD-ROM)을 Formtec Label 3108 · 3114 · 3116 라벨용지에 컬러 출력한다.

도구 준비하기

- 연필
- 색연필
- 사인펜
- 크레파스
- 색종이
- 모양 펀치
- 가위
- 풀
- 본드
- 면봉
- 본드판
- 장식 재료
- 모양 본(부록)

전태현(만 4세). 눈사람 만들기. 540㎜×195㎜.
김보래(만 4세). 눈사람 만들자. 540㎜×195㎜.

활동하기에 앞서

- 주인공 손잡이 카드는 그림책의 내용이나 주인공에 따라 알맞은 모양 본을 다양하게 만들어 제공하거나 원하는 모양의 주인공 손잡이 카드를 만들어 꾸밀 수 있다.
- 양문 접기로 만든 주인공 손잡이책에 주인공 손잡이 카드를 붙이지 않거나 한 장만 접어서 앞표지의 한쪽 면에 원하는 방법으로 붙여서 앞표지를 꾸밀 수 있다.
- 활동 유형과 내용에 따라 8면 양문 접기를 하고 주인공 손잡이 카드를 붙인 후 본문 면에 내용을 담도록 할 수 있다.

그림책 이야기 들려주기

- 그림책을 소개하고 이야기를 들려준다.
- 그림책의 이야기를 다 들려준 후 책의 앞표지부터 한 장씩 넘겨가며 주인공의 행동에 대하여 이야기 나눈다.

Q. 피터가 눈을 떴을 때 세상은 어떻게 변해 있었니?
Q. 피터는 눈 위에서 어떤 놀이를 했니?
Q. 피터처럼 눈 오는 날 눈 위에서 놀아본 적이 있니?

Q. 눈 오는 날 어떤 놀이를 했니?
Q. 눈이 오면 어떤 놀이를 하고 싶니?
Q. 눈이 오면 어떤 놀이를 할 수 있을까?

눈 오는 날 책 소개하고 생각 모으기

- 수업용 눈 오는 날 책을 소개하고 어떻게 만들고 무엇을 표현해야 하는지 이야기 나눈다.

Q. 이 책의 앞표지에 무엇이 달려있니?
Q. 눈사람 모양을 보니 무엇이 생각나니?
Q. 앞표지에 눈사람 카드는 어떻게 붙인 것일까?
Q. 눈사람 카드를 붙이는 다른 방법에는 어떤 것이 있을까?
Q. 눈 오는 날을 나타낼 수 있는 방법에는 또 어떤 것이 있을까?
Q. 이 책은 몇 면으로 구성되어 있을까?
Q. 이 책의 이름은 무엇이라고 부를 수 있을까?
Q. 책에 어떤 이야기를 담을 수 있을까?
예 : 눈 오는 날 하고 싶은 놀이, 눈 오는 날 할 수 있는 놀이, 눈 오는 했던 놀이 등
Q. 눈 오는 날 하고 싶은(또는 할 수 있는, 또는 했던) 놀이를 몇 가지 담아야 할까?
Q. 눈 오는 날 하고 싶은(또는 할 수 있는, 또는 했던) 놀이를 어떻게 표현할 수 있을까?

생각 모으기 활동지 작성하기

- 이야기 생각 모으기 활동지에 눈 오는 날 하고 싶은 놀이를 간단히 적는다.
- 연령이 낮거나 스스로 쓰기에 어려움을 느끼는 어린이를 대상으로 활동할 경우 생각 모으기 활동지를 작성하지 않고 4면 주인공 손잡이책에 직접 글과 그림으로 표현하도록 지도한다.

눈 오는 날 책 만들기

① 4면 병풍책 접기
- 병풍책 종이를 지그재그로 접어서 4면 병풍책을 만든다.

② 손잡이 만들기
- 손잡이 카드 2장을 반으로 접는다.
- 두 장의 손잡이 카드에 눈사람 모양을 그리고 선을 따라 오린다. 이때 눈사람 모양 본을 사용하여 똑같은 모양으로 그리고 오리도록 지도한다.
- 손잡이 카드를 1장만 만들어 붙일 경우 손잡이 카드를 반으로 접지 않고 오리도록 지도한다.

③ 손잡이 카드 붙이기(28쪽 참고)
- 오려 둔 손잡이 카드 2장을 각각 한 쪽 면에만 풀칠하여 4면 병풍책의 1면과 4면의 안쪽에 차례로 붙인다.
- 이때 양쪽의 손잡이 카드 위치가 같게 붙이도록 지도한다.
- 손잡이 카드를 한 장만 붙일 경우 본문 면을 완성하고 난 후 앞표지의 원하는 위치에 붙이도록 지도한다.

④ 눈 오는 날 하고 싶은 놀이 글 · 그림 담기
- 4면 병풍책의 각각의 면에 눈 오는 날 하고 싶은(또는 할 수 있는, 또는 했던) 놀이를 생각 모으기 활동지를 참고하여 그림과 글로 자유로이 표현한다.

⑤ 8면 양문 접기

- 본문을 완성한 4면 병풍책 종이를 다시 지그재그로 접어서 8면으로 만들고 1면과 4면에 붙인 손잡이 카드가 앞면에 보이도록 양면이 마주보게 중앙선을 중심으로 펼친다.

⑥ 앞표지 꾸미기

- 손잡이 카드를 한 장만 만든 경우 손잡이 카드의 일부분에 풀칠하여 적당한 위치에 자유로이 붙인다.
- 앞표지에 붙인 주인공 손잡이 카드를 중심으로 제목, 지은이, 출판사 명을 적는다.
- 주인공 손잡이 카드에 스티커, 모양 종이, 다양한 장식 재료를 이용하여 원하는 모양으로 꾸민다.

⑦ 뒤표지 꾸미기

- 뒤표지에 펴낸 날, 펴낸이, 펴낸 곳, 정가 등을 쓰고 바코드를 그리거나 오려 붙인다.
- 판권면 라벨을 사용할 수 있다.
- 책 만들기 경험이 풍부한 어린이들을 대상으로 활동하는 경우 ISBN을 표기하도록 할 수 있다.
- ISBN 표기 방법은 『책 만들기를 통한 창의적 언어교육 I (최유경 저. WOWPLAY)』을 참고한다.

소개하기 · 감상하기

- 눈 오는 날 주인공 손잡이 카드를 어떻게 꾸몄는지 소개한다.
- 주인공 손잡이 카드가 아름답거나 재미있게 꾸민 책을 선정한다.
- 눈 오는 날 어떤 놀이를 하고 싶은지 소개한다.
- 독특한 놀이 또는 재미있는 놀이를 표현한 책을 선정한다.
- 4면 주인공 손잡이책을 만들면서 어렵거나 힘들었던 점이 있었는지 이야기 나눈다.
- 4면 주인공 손잡이책을 이용하여 할 수 있는 다른 활동에 대하여 알아본다.
- 교실의 한 공간을 마련하여 완성된 눈 오는 날 책을 서로 감상할 수 있도록 전시한다.

Gallery

김정찬(만 4세). 눈사람 가지고 놀기. 540㎜×195㎜.

신현준(만 5세). 하이 스노우맨. 540㎜×195㎜.

Gallery

앞표지

1면 · 2면

3면 · 4면

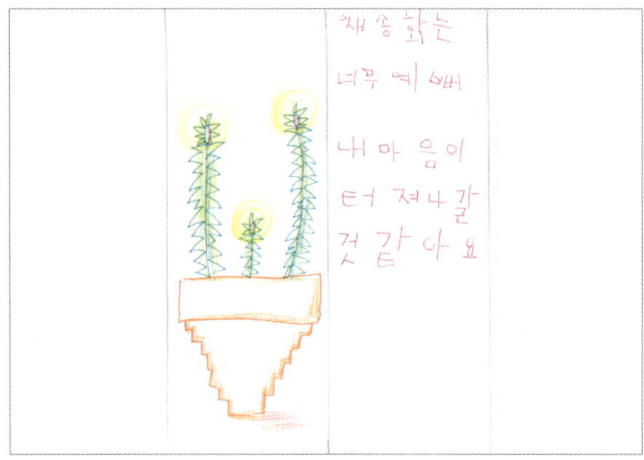

5면 · 6면

조한솜(만 5세). 꽃나무. 810㎜×195㎜.

Gallery

이에 좋은 음식 해로운 음식 · 이에 해로운 음식. 2003. 540㎜×195㎜. 『충치 도깨비 달달이와 콤콤이』를 읽고.
예쁜 모양을 보면. 2003. 540㎜×135㎜. 『예쁜 모양으로 무얼 그릴까?』를 읽고.

은행잎과 단풍잎. 2003. 540㎜×195㎜. 『낙엽』을 듣고.

봄 · 여름 · 가을 · 겨울

보비리(만 4 · 5 · 6세). 사과가 쿵. 2003. 2590㎜×195㎜.

활용도서

- 엘라 마리(1996). 나무. 서울 : 시공주니어.

참고도서

- 루이스 엘럿(2001) 날개를 기다리며. 서울 : 베틀북.
- 마르크 시몽 그림 · 재니스 메이 우드리 글(1997). 나무는 좋다. 서울 : 시공주니어.
- 에릭 칼(1986). 베고픈 애벌레. 서울 : 한국몬테소리.

봄 · 여름 · 가을 · 겨울 생각 모으기

Q. 8면 주인공 손잡이책을 이용하여 할 수 있는 활동을 적어보세요.

A.

Q. 8면 주인공 손잡이책의 본문 면을 구성하는 다양한 방법을 적어보세요.

A.

Q. 8면 주인공 손잡이책에 활용할 수 있는 그림책의 제목을 적어보세요.

A.

Q. 8면 주인공 손잡이책에 붙일 수 있는 다양한 손잡이 모양을 만들어 보세요.

A.

Q. 8면 주인공 손잡이책을 이용하여 봄 · 여름 · 가을 · 겨울을 표현할 수 있는 방법을 적어보세요.

A.

자료 준비하기

- 수업용 봄·여름·가을·겨울 책을 제작한다.
- 병풍책 1080㎜×195㎜ 1매, 손잡이 카드 135㎜×135㎜ 2매를 준비한다.
- 봄·여름·가을·겨울 생각 모으기(CD-ROM)를 A4 복사용지에 출력한다.
- PP 필름(400mic)이나 마분지(500g)을 이용하여 그림책의 주인공이나 내용과 관련된 모양 본(부록 참고)을 제작한다.
- 판권면 라벨 3108·3114·3116(CD-ROM)을 Formtec Label 3108·3114·3116 라벨용지에 컬러 출력한다.

도구 준비하기

- 연필
- 색연필
- 사인펜
- 크레파스
- 색종이
- 모양 펀치
- 가위
- 풀
- 본드
- 면봉
- 본드판
- 장식 재료
- 모양 본(부록)

강혜민(만 6세). 봄·여름·가을·겨울. 1080㎜×195㎜.

박순애. 개구리 탄생. 1080㎜×195㎜.

활동하기에 앞서

- 주인공 손잡이 카드는 그림책의 내용이나 주인공에 따라 알맞은 모양 본을 다양하게 만들어 제공하거나 원하는 모양의 주인공 손잡이 카드를 만들어 꾸밀 수 있다.
- 양문 접기로 만든 주인공 손잡이책에 주인공 손잡이 카드를 붙이지 않거나 한 장만 접어서 앞표지의 한쪽 면에 원하는 방법을 붙여서 앞표지를 꾸밀 수 있다.
- 손잡이 카드는 앞표지에만 붙이고 본문 면에는 손잡이 카드를 붙이는 대신에 그림을 그려 꾸미도록 할 수 있다.

그림책 이야기 들려주기

- 그림책을 소개하고 그림에 대한 이야기를 들려준다.
- 그림책의 이야기를 다 들려준 후 책의 앞표지부터 한 장씩 넘겨가며 나무의 변화에 대하여 이야기 나눈다.

Q. 이 책의 제목은 무엇이니?
Q. 이 그림책은 다른 그림책과 어떤 점이 다르니?
Q. 작가는 왜 그림만 그리고 이야기를 쓰지 않은 걸까?
Q. 나무에게 어떤 변화가 일어났니?
Q. 왜 나무에게 그런 변화가 일어났을까?
Q. 일년 동안 우리나라에는 몇 개의 계절이 있을까?
Q. 봄에 나무는 어떤 모습이니?

Q. 봄이 되면 무엇을 볼 수 있고 어떤 일이 일어날까?
Q. 여름에 나무는 어떤 모습이니?
Q. 여름이 되면 무엇을 볼 수 있고 어떤 일이 일어날까?
Q. 가을에 나무는 어떤 모습이니?
Q. 가을이 되면 무엇을 볼 수 있고 어떤 일이 일어날까?
Q. 겨울에 나무는 어떤 모습이니?
Q. 겨울이 되면 무엇을 볼 수 있고 어떤 일이 일어날까?

봄 · 여름 · 가을 · 겨울 책 소개하고 생각 모으기

■ 수업용 봄 · 여름 · 가을 · 겨울 책을 소개하고 어떻게 만들고 무엇을 표현해야 하는지 이야기 나눈다.

Q. 이 책의 앞표지에 무엇이 달려있니?
Q. 나무 모양을 어떻게 만들어 붙인 것일까?
Q. 나무 카드를 붙이는 다른 방법에는 어떤 것이 있을까?
Q. 나무 카드를 붙이고 앞표지에 무엇을 어떻게 담아야 할까?
Q. 이 책은 몇 면으로 구성되어 있을까?
Q. 이 책의 이름은 무엇이라고 부를 수 있을까?
Q. 책에 어떤 이야기를 담을 수 있을까?
　예 : 봄 · 여름 · 가을 · 겨울에 볼 수 있는 것
　예 : 봄 · 여름 · 가을 · 겨울하면 생각나는 것
　예:　봄 · 여름 · 가을 · 겨울에 하고 싶은 것
Q. 각각의 면에 봄 · 여름 · 가을 · 겨울을 어떻게 표현할 수 있을까?
Q. 나무 모양을 이용하여 봄 · 여름 · 가을 · 겨울을 표현하려면 어떻게 해야 할까?
Q. 봄 · 여름 · 가을 · 겨울을 나타내는 나무 카드는 몇 개씩 만들어야 할까?
Q. 각각의 면에 봄 · 여름 · 가을 · 겨울을 표현하고 이야기는 어떻게 담을 수 있을까?

생각 모으기 활동지 작성하기

■ 봄 · 여름 · 가을 · 겨울 생각 모으기 활동지에 표현하고자 하는 주제에 따른 이야기를 간단히 적는다.

■ 연령이 낮거나 스스로 쓰기에 어려움을 느끼는 어린이를 대상으로 활동할 경우 생각 모으기 활동지를 작성하지 않고 8면 주인공 손잡이책에 직접 글과 그림으로 표현하도록 지도한다.

봄 · 여름 · 가을 · 겨울 책 만들기

① 4면 병풍책 접기

■ 병풍책 종이를 지그재그로 접어서 4면 병풍책을 만든다.

② 8면 병풍책 접기

■ 4면 병풍책 종이를 지그재그로 접어서 8면 병풍책을 만든다.

③ 16면 양문 접기

■ 8면 병풍책 종이를 다시 지그재그로 접어서 16면으로 만들고 1면과 16면이 앞면에 오도록 8면과 9면을 중심으로 양면이 마주보게 펼친다.

④ 손잡이 만들기
- 손잡이 카드 2장을 반으로 접는다.
- 2장의 손잡이 카드에 나무 모양을 그리고 선을 따라 오린다. 이때 나무 모양 본을 사용하여 똑같은 모양으로 그리고 오리도록 지도한다.
- 본문 면에 손잡이 카드를 붙이지 않고 앞표지에 한 장만 붙일 경우 손잡이 카드 1장을 반으로 접지 않고 그림을 그린 후 오리도록 지도한다.

⑤ 손잡이 카드 붙이기(28쪽 참고)
- 오려 둔 손잡이 카드 2장을 각각 한 쪽 면에만 풀칠하여 문 접기로 만든 병풍책의 앞표지 안쪽에 각각 붙인다.
- 이때 양쪽의 손잡이 카드 위치가 같게 붙이도록 지도한다.
- 손잡이 카드를 앞표지에 한 장만 붙일 경우 본문 면을 완성하고 난 후 앞표지의 원하는 위치에 붙이도록 지도한다.

⑥ 봄 · 여름 · 가을 · 겨울 이야기 담기
- 나무 카드를 붙인 각각의 본문 면 양쪽에 생각 모으기 활동지를 참고하여 봄 · 여름 · 가을 · 겨울에 대한 이야기를 그림과 글로 자유로이 표현한다.

⑦ 앞표지 꾸미기
- 손잡이 카드를 한 장만 만든 경우 손잡이 카드의 일부분에 풀칠하여 적당한 위치에 자유로이 붙인다.
- 앞표지에 붙인 주인공 손잡이 카드를 중심으로 제목, 지은이, 출판사 명을 적는다.
- 주인공 손잡이 카드에 스티커, 모양 종이, 다양한 장식 재료를 이용하여 원하는 모양으로 꾸민다.

⑦ 뒤표지 꾸미기
- 뒤표지에 펴낸 날, 펴낸이, 펴낸 곳, 정가 등을 쓰고 바코드를 그리거나 오려 붙인다.
- 판권면 라벨을 사용할 수 있다.
- 책 만들기 경험이 풍부한 어린이들을 대상으로 활동하는 경우 ISBN을 표기하도록 할 수 있다.
- ISBN 표기 방법은 『책 만들기를 통한 창의적 언어교육 I (최유경 저. WOWPLAY)』을 참고한다.

소개하기 · 감상하기
- 봄 · 여름 · 가을 · 겨울 주인공 손잡이 카드를 어떻게 꾸몄는지 소개한다.
- 봄 · 여름 · 가을 · 겨울에 대하여 어떤 이야기를 담았는지 소개한다.
- 나무의 모습 또는 봄 · 여름 · 가을 · 겨울의 모습이 아름답거나 독특하게 꾸민 책을 선정한다.
- 8면 주인공 손잡이책을 만들면서 어렵거나 힘들었던 점이 있었는지 이야기 나눈다.
- 8면 주인공 손잡이책을 이용하여 할 수 있는 다른 활동에 대하여 알아본다.
- 교실의 한 공간을 마련하여 완성된 봄 · 여름 · 가을 · 겨울 책을 서로 감상할 수 있도록 전시한다.

Gallery

강혜민(만 6세). 봄 · 여름 · 가을 · 겨울. 1080㎜×195㎜.

박순애. 개구리 탄생. 1080㎜×195㎜.

Gallery

보비리(만 4 · 5 · 6세). 사과가 쿵. 2003. 2590㎜×195㎜.

달달이와 콤콤이의 음식 창고

나의 손으로 · 나의 발로. 2003. 270㎜×390㎜.

활용도서

- 안나 러셀만(1994). 충치 도깨비 달달이와 콤콤이. 서울: 현암사

참고도서

- 마르쿠스 피스터(2001). 마쯔와 신기한 돌. 서울 : 시공주니어.
- 앤 조나스(2001). 바로 또 거꾸로. 서울 : 비룡소.
- 존 세스카 글 · 레인 스미스 그림(1996). 늑대가 들려주는 아기 돼지 삼형제 이야기. 서울 : 보림.

달달이와 콤콤이의 음식 창고 생각 모으기

Q. 양면 주인공 손잡이책을 만들 수 있는 방법을 적어보세요.

A.

Q. 양면 주인공 손잡이책을 이용하여 할 수 있는 활동들을 적어보세요.

A.

Q. 양면 주인공 손잡이책의 본문 면을 구성하는 다양한 방법들을 적어보세요.

A.

Q. 양면 주인공 손잡이책에 활용할 수 있는 그림책의 제목을 적어보세요.

A.

Q. 양면 주인공 손잡이책에 붙일 수 있는 다양한 손잡이 모양들을 만들어 보세요.

A.

자료 준비하기

- 수업용 달달이와 콤콤이의 음식 창고 책을 제작한다.
- 양면 카드 270㎜×390㎜ 1매, 손잡이 카드 135㎜×135㎜(하얀색 · 검정색 각 2매씩) 4매를 준비한다.
- PP 필름(400mic)이나 마분지(500g)을 이용하여 그림책의 주인공이나 내용과 관련된 모양 본(부록 참고)을 제작한다.
- 판권면 라벨 3108 · 3114 · 3116(CD-ROM)을 Formtec Label 3108 · 3114 · 3116 라벨용지에 컬러 출력한다.

도구 준비하기

- 연필
- 색연필
- 사인펜
- 크레파스
- 색종이
- 모양 펀치
- 가위
- 풀
- 본드
- 면봉
- 본드판
- 장식 재료
- 광고 전단지
- 모양 본(부록)

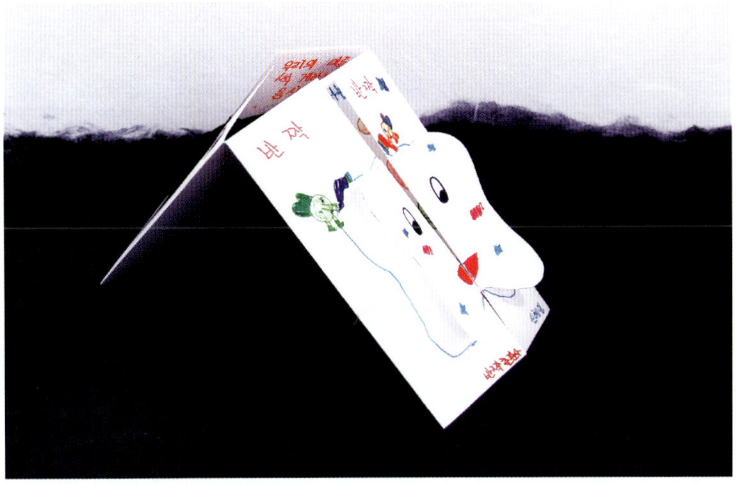

신혜민(만 7세). 반짝 반짝! 썩어 썩어! 270㎜×390㎜.

활동하기에 앞서

- 주인공 손잡이 카드는 그림책의 내용이나 주인공에 따라 알맞은 모양 본을 다양하게 만들어 제공하거나 원하는 모양의 주인공 손잡이 카드를 만들어 꾸밀 수 있다.
- 양문 접기로 만든 주인공 손잡이책에 주인공 손잡이 카드를 붙이지 않거나 한 장만 접어서 앞표지의 한쪽 면에 원하는 방법으로 붙여서 앞표지를 꾸밀 수 있다.
- 우리 몸에 이로운 음식과 해로운 음식을 표현할 때 각종 광고 전단지의 사진이나 과자와 음식의 포장지를 이용하여 꾸미도록 한다.

그림책 이야기 들려주기

- 그림책을 소개하고 이야기를 들려준다.
- 그림책의 이야기를 다 들려준 후 책의 앞표지부터 한 장씩 넘겨가며 이야기에 대한 생각을 나눈다.

Q. 이 책의 제목은 무엇이니?
Q. 이 그림책에는 어떤 주인공들이 등장하니?
Q. 달달이와 콤콤이는 어디서 살고 있니?
Q. 달달이와 콤콤이가 좋아하는 음식은 무엇일까?
Q. 달달이와 콤콤이는 좋아하는 음식들을 어떻게 보관했니?
Q. 달달이와 콤콤이가 살고 있는 곳에 누가 나타났니?

Q. 경찰관들은 달달이와 콤콤이가 사는 곳에서 어떤 일을 했니?
Q. 경찰관들이 가고 나자 달달이와 콤콤이는 어떻게 했니?
Q. 달달이와 콤콤이가 집을 더 깊게 파자 어떤 일이 일어났니?
Q. 젓니 마을에 어떻게 평화가 찾아왔니?
Q. 너희들의 입 안에도 달달이와 콤콤이가 살고 있을까?
Q. 달달이와 콤콤이 때문에 어떤 일을 겪었니?
Q. 달달이와 콤콤이를 사라지게 하려면 어떻게 해야 할까?

달달이와 콤콤이의 음식 창고 책 소개하고 생각 모으기

■ 수업용 달달이와 콤콤이의 음식 창고 책을 소개하고 어떻게 만들고 무엇을 표현해야 하는지 이야기 나눈다.

Q. 이 책은 어떻게 생겼니?
Q. 이 책은 어떤 점이 특별하니?
Q. 왜 앞표지를 앞뒤로 두 개를 만들었을까?
Q. 이 책의 이름은 무엇이라고 부를 수 있을까?
Q. 두 개의 앞표지에 각각 무엇이 붙여져 있니?
Q. 하얀색 이가 붙여 있는 면에는 무엇을 표현하는 것일까?
Q. 검정색 이가 붙여 있는 면에는 무엇을 표현하는 것일까?
Q. 달달이와 콤콤이가 좋아하는 음식과 싫어하는 음식을 어떻게 나타낼 수 있을까?
Q. 달달이와 콤콤이는 왜 그 음식을 좋아한다고 생각하니?
Q. 달달이와 콤콤이는 왜 그 음식을 싫어한다고 생각하니?
Q. 어떤 음식이 젓니에 이로운 음식일까? 왜 그 음식이 이로운 음식이라고 생각하니?
Q. 어떤 음식이 젓니에 해로운 음식일까? 왜 그 음식이 해로운 음식이라고 생각하니?

달달이와 콤콤이의 음식 창고 책 만들기

① 양면 양문 접기

■ 양면 카드를 그림과 같은 순서로 접고 선을 따라 자른 후 뒤로 꺾는다.

❶ 가로와 세로로 두 겹 접기를 하여 4면을 만든다.
❷ 긴 면의 중심선을 중심으로 양문 접기를 한다.

❸ 가로면의 중심선 양 끝에서 세로로 접은 양문 접기 선까지 자른다.
❹ 연결된 면의 중심선을 따라 뒤로 꺾는다.

② 손잡이 만들기
- 손잡이 카드 4장을 반으로 접는다.
- 4장의 손잡이 카드에 이 모양을 그리고 선을 따라 오린다. 이때 이 모양 본을 사용하여 똑같은 모양으로 그리고 오리도록 지도한다.

③ 손잡이 카드 붙이기(28쪽 참고)
- 오려 둔 손잡이 카드 4장을 각각 한 쪽 면에만 풀칠하여 양면 문 접기로 만든 카드의 안쪽 면에 차례로 붙인다.
- 이때 양쪽 손잡이 카드의 색깔과 위치가 같게 붙이도록 지도한다.
- 손잡이 카드를 앞표지에 한 장만 붙일 경우 본문 면을 완성하고 난 후 앞표지의 원하는 위치에 붙이도록 지도한다.

④ 달달이와 콤콤이가 좋아하는 음식 · 싫어하는 음식 표현하기
- 하얀 이와 검정 이를 붙인 양면 주인공 손잡이책 각각의 본문 면에 광고 전단지와 과자 상표 등을 오려 붙여서 달달이와 콤콤이가 싫어하는 음식과 좋아하는 음식을 표현하고 이름을 적는다.
- 표현한 음식들이 왜 몸에 이로운지 또는 해로운지에 대하여 이야기를 적도록 할 수 있다.

⑤ 앞표지 꾸미기
- 손잡이 카드를 한 장만 만든 경우 손잡이 카드의 일부분에 풀칠하여 적당한 위치에 자유로이 붙인다.
- 앞표지에 붙인 주인공 손잡이 카드를 중심으로 제목, 지은이, 출판사 명을 적는다.
- 주인공 손잡이 카드에 스티커, 모양 종이, 다양한 장식 재료를 이용하여 원하는 모양으로 꾸민다.

⑥ 뒤표지 꾸미기
- 양면 주인공 손잡이책의 뒤표지는 앞뒷면이 마주보는 가운데 면을 활용하여 꾸민다.
- 뒤표지에 펴낸 날, 펴낸이, 펴낸 곳, 정가 등을 쓰고 바코드를 그리거나 오려 붙인다.
- 판권면 라벨을 사용할 수 있다.
- 책 만들기 경험이 풍부한 어린이들을 대상으로 활동하는 경우 ISBN을 표기하도록 할 수 있다.
- ISBN 표기 방법은 『책 만들기를 통한 창의적 언어교육 I (최유경 저. WOWPLAY)』을 참고한다.

소개하기 · 감상하기
- 달달이와 콤콤이가 싫어하는 음식과 좋아하는 음식으로 어떤 것들을 찾아서 꾸몄는지 소개한다.
- 소개한 음식들을 달달이와 콤콤이가 왜 싫어하는지와 좋아하는지 또는 몸에 이롭거나 해롭다고 생각하는지 이야기 나눈다.
- 소개한 음식 중에 특별한 것을 표현한 책을 선정한다.
- 자신은 어떤 음식을 좋아하고 싫어하는지 소개한다.
- 앞으로 나의 이를 위하여 어떤 음식을 먹어야 하는지 이야기 나눈다.
- 양면 주인공 손잡이책을 만들면서 어렵거나 힘들었던 점이 있었는지 이야기 나눈다.
- 양면 주인공 손잡이책을 이용하여 할 수 있는 다른 활동에 대하여 알아본다.
- 교실의 한 공간을 마련하여 완성된 달달이와 콤콤이의 음식 창고 책을 서로 감상할 수 있도록 전시한다.

Gallery

신혜민(만 7세). 반짝 반짝! 썩어 썩어! 270㎜×390㎜.

김가윤(만 4세). 모양들이 좋아요! 270㎜×390㎜.

Gallery

아빠, 사랑해요! 『내가 아빠를 얼마나 사랑하는지 아세요?』를 읽고.

눈사람 아저씨. 270㎜×135㎜.『눈사람』을 읽고.

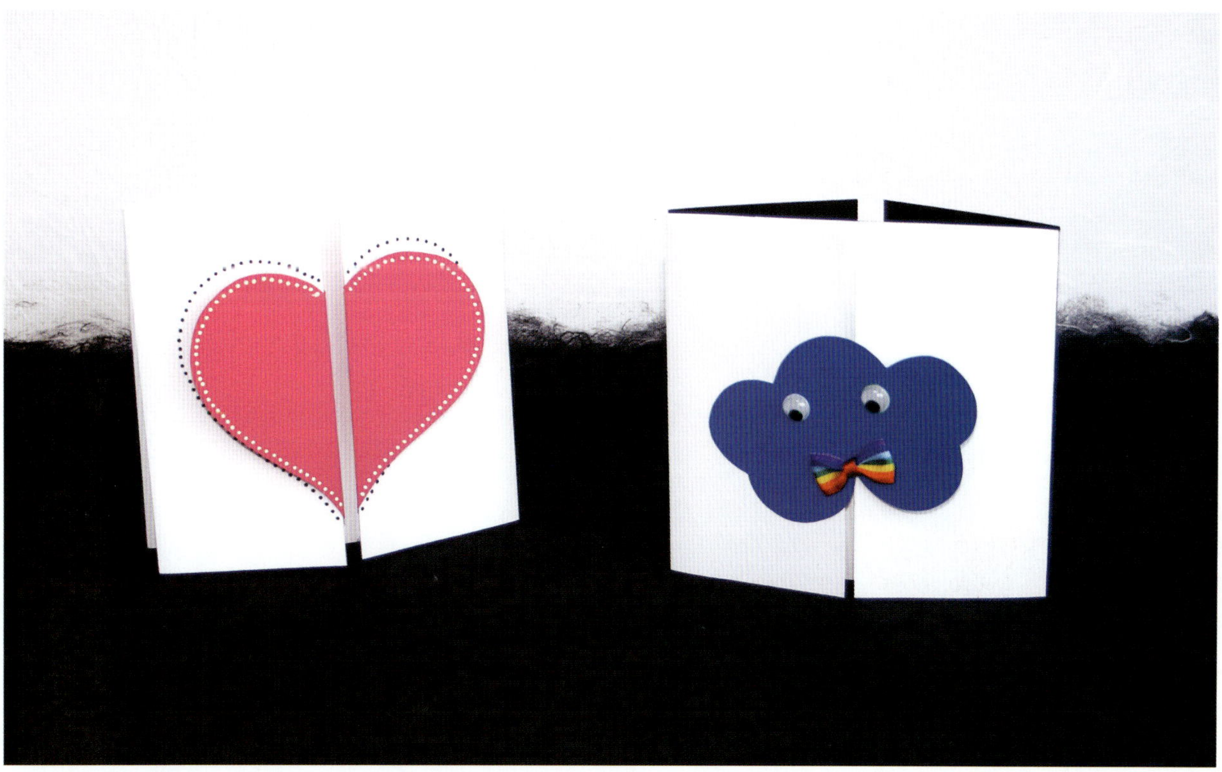

엄마, 사랑해요! 『내가 엄마를 얼마나 사랑하는지 아세요?』를 읽고. 270㎜×270㎜.

구름 아가씨. 270㎜×135㎜. 『구름공항』을 읽고.

CHAPTER 3

좌우 교대 접기를 활용한 문해 활동

Literacy Activity through Ox-flow Books

- 주원문해(SWBS) 이야기
- 빨간 풍선의 모험 이야기
- 꼬물꼬물 글자벌레

주원문해(SWBS) 이야기

노랑이와 파랑이 가족 찾기 · 무지개 물고기 친구 만들기. 2003. 270㎜×390㎜ · 390㎜×270㎜.

활용도서

- 마르쿠스 피스터(2000). 무지개 물고기. 서울 : 시공주니어.

참고도서

- 나카에 요시오 글 · 우에노 노리코 그림(2003). 또또와 사과나무. 서울 : 세상모든책.
- 레오 리오니(2000). 물고기는 물고기야. 서울 : 시공주니어.
- 에느 엉(1999). 일곱 마리 눈먼 생쥐. 서울 : 시공주니어.
- 배빗 콜(1999). 따로 따로 행복하게. 서울 : 보림.

주원문해(SWBS) 생각 모으기

Q. 『무지개물고기』를 읽고 주원문해(SWBS) 도표를 완성해 보세요.

주인공(somebody)은 누구인가요? :

주인공은 무엇을 **원했나요**(wanted)? :

주인공에게 어떤 **문제가 있었나요**(but)? :

주인공은 문제를 어떻게 **해결했나요**(so)? :

Q. 주원문해(SWBS) 활동에 적합한 그림책의 제목을 적어보세요.

A.

Q. 4면 좌우 교대 접기 방법을 이용하여 만들 수 있는 다양한 형태의 책을 그려 보세요.

A.

자료 준비하기

- 수업용 주원문해 이야기책을 제작한다.
- 카드 270㎜×390㎜ 1매를 준비한다.
- 주원문해 라벨 3621(CD-ROM)을 Formtec Label 3621 라벨용지에 컬러 출력한다.
- 주원문해 생각 모으기(CD-ROM)를 A4 복사용지에 출력한다.
- 판권면 라벨 3108 · 3114 · 3116(CD-ROM)을 Formtec Label 3108 · 3114 · 3116 라벨용지에 컬러 출력한다.
- 주원문해 카드 라벨 3120(CD-ROM)을 Formtec Label 3120 라벨용지에 컬러 출력하고 글자색과 같은 색의 양면 색지에 붙여서 여백 10㎜를 남겨두고 자른 뒤 라미네이팅한다.
- 라미네이팅 한 주원문해 카드의 네 모서리를 둥글게 처리하고 뒷면에 벨크로 테이프(까끌이)를 둥글게 오려 붙인다.

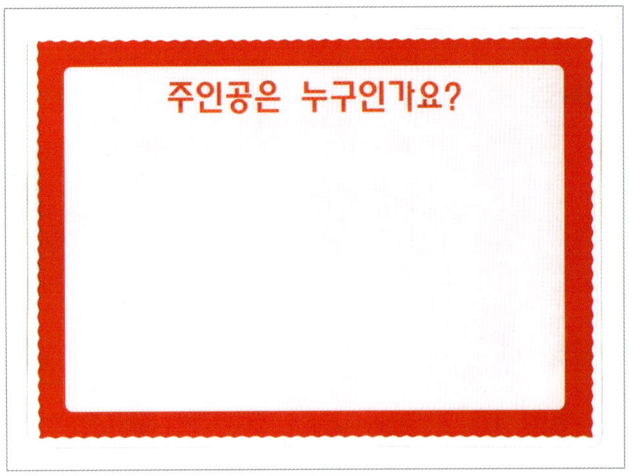

도구 준비하기

- 연필
- 색연필
- 사인펜
- 크레파스
- 색종이
- 모양 펀치
- 가위
- 풀
- 본드
- 면봉
- 본드판
- 장식 재료
- 모양 본(부록)

문민선(만 6세). 애벌레의 꿈. 270㎜×390㎜.
신혜민(만 7세). 서둘러씨. 390㎜×270㎜.

활동하기에 앞서

- 주원문해 라벨 3621(CD-ROM)를 사용하지 않고 직접 책에 주원문해 이야기를 담을 수 있다.
- 소개된 그림책 외에 주원문해 활동에 적합한 그림책을 선정하여 활동하거나 개별적으로 어린이가 좋아하는 그림책

을 선택하여 활동하도록 할 수 있다.

- '주원문해(SWBS)'는 교사의 활동 진행을 위한 용어로 특별히 어린이들에게 소개해야 할 필요는 없다. 그러나 연령이 높은 어린이들이나 책 만들기 경험이 풍부한 어린이들을 대상으로 활동할 경우 '주원문해'라는 단어를 소개하고 그 뜻에 대하여 설명해주어 지속적으로 사용하도록 격려한다.

그림책 이야기 들려주기

- 그림책을 소개하고 그림에 대한 이야기를 들려준다.
- 그림책의 이야기를 다 들려준 후 책의 앞표지부터 한 장씩 넘겨가며 이야기에 대한 생각을 모은다.

Q. 이 책의 제목은 무엇이니?

Q. 이 책의 주인공은 누구이니?

Q. 무지개 물고기는 무엇을 원했니?

Q. 무지개 물고기에게 어떤 문제가 생겼니(또는 무지개물고기는 왜 친구를 사귈 수 없었니)?

Q. 무지개 물고기는 어떻게 문제를 해결했니(또는 무지개 물고기는 어떻게 해서 친구들을 사귈 수 있게 되었니?

- 주원문해 카드 라벨 3120을 이용하여 어린이들의 생각과 이야기를 받아 적어 교실의 적절한 위치에 부착해 놓고 자유로이 참고할 수 있도록 격려한다. 스스로 쓰기가 가능한 경우 원하는 어린이가 적도록 지도한다.

주원문해 이야기책 소개하고 생각 모으기

- 수업용 주원문해 이야기책을 소개하고 어떻게 만들고 무엇을 표현해야 하는지 이야기 나눈다.

Q. 이 책은 몇 면으로 구성되어 있니?

Q. 1면, 2면, 3면, 4면에 무엇이라고 쓰여 있니?

Q. 이 책은 어떻게 접어서 만든 것일까?

Q. 이렇게 접는 방법을 무엇이라고 할까?

Q. 이 책의 이름은 무엇이라고 부를 수 있을까?

생각 모으기 활동지 작성하기

- 주원문해 생각 모으기 활동지에 각 질문에 대한 생각을 간단히 적는다.
- 연령이 낮거나 스스로 쓰기에 어려움을 느끼는 어린이를 대상으로 활동할 경우 생각 모으기 활동지를 작성하지 않고 주원문해 도표책에 직접 글과 그림으로 표현하도록 지도한다.

주원문해 이야기책 만들기

① 좌우 교대 접기

- 카드를 다음과 같이 좌우 교대 접기를 한다.

❶ 가로와 세로로 두 겹 접기를 하여 다시 펼친다.

❷ 가로 또는 세로 면의 접은 선을 따라 중심선까지 오린다.

❸ 자른 면의 날개를 앞으로 접고 연결 면을 중심으로 뒤로 꺾는다.

② 앞표지 꾸미기

- 앞표지에 제목, 지은이, 출판사 명을 적는다.
- 주인공의 모습을 이용하여 앞표지 그림을 그리도록 격려한다.

③ '주원문해' 라벨 붙이기

- 주원문해 라벨을 순서대로 떼어서 1면, 2면, 3면, 4면에 차례로 붙인다.
- 주원문해 라벨을 사용하지 않고 직접 각 면의 주제를 적도록 할 수 있다.

④ '주원문해' 이야기 표현하기

- 주원문해 라벨에 대한 이야기를 생각 모으기 활동지 또는 주원문해 카드를 참고하여 그림과 글로 자유로이 표현한다.

⑤ 뒤표지 꾸미기

- 뒤표지에 펴낸 날, 펴낸이, 펴낸 곳, 정가 등을 쓰고 바코드를 그리거나 오려 붙인다.
- 판권면 라벨을 사용할 수 있다.
- 책 만들기 경험이 풍부한 어린이들을 대상으로 활동하는 경우 ISBN을 표기하도록 할 수 있다.
- ISBN 표기 방법은 『책 만들기를 통한 창의적 언어교육 I (최유경 저. WOWPLAY)』을 참고한다.

소개하기 · 감상하기

- '주원문해' 에 대한 생각을 어떻게 표현했는지 소개한다.
- 그림책의 내용을 중심으로 '주원문해' 를 적절하게 표현했는지 알아본다.
- 주원문해 이야기책을 만들면서 어렵거나 힘들었던 점이 있었는지 이야기 나눈다.
- 4면 좌우 교대 접기를 이용하여 할 수 있는 다른 활동에 대하여 알아본다.
- 교실의 한 공간을 마련하여 완성된 주원문해 이야기책을 서로 감상할 수 있도록 전시한다.

Gallery

문민선(만 6세). 애벌레의 꿈. 270㎜×390㎜.

신혜민(만 7세). 서둘러씨. 390㎜×270㎜.

Gallery

앞표지

뒤표지

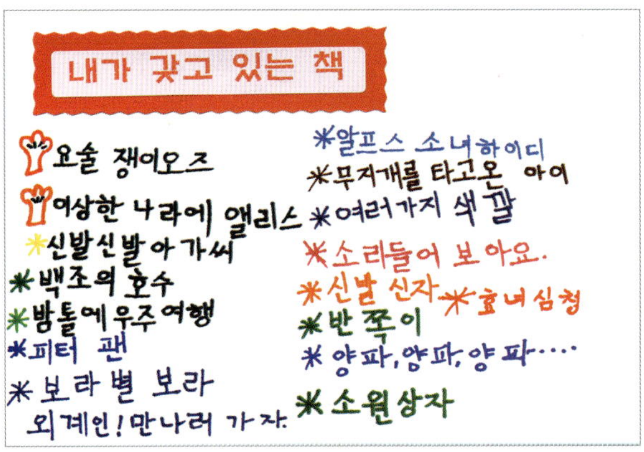

1면

2면

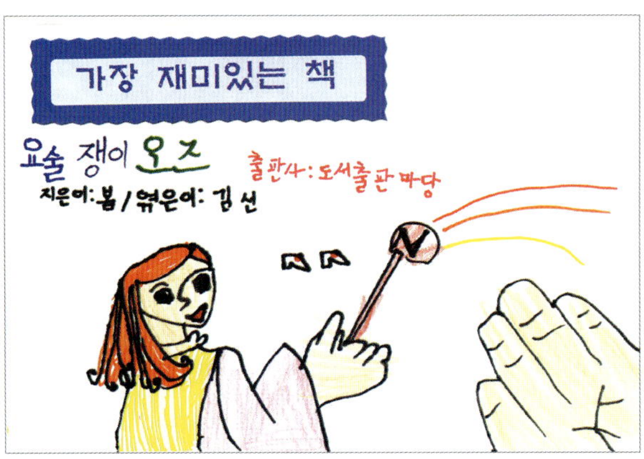

3면

4면

오지현(만 6세). 나의 도서관 이야기. 390㎜×270㎜.

빨간 풍선의 모험 이야기

금강산 여행기. 2002. 540㎜×390㎜.

활용도서

- 옐라 마리(1995). 빨간 풍선의 모험. 서울 : 시공주니어.

참고도서

- 마곳 블레어(2002). 빨간 끈. 서울 : 케이유니버스.
- 류재수(2001). 노란 우산. 서울 : 재미마주.
- 바바라 리만(2005). 나의 빨강 책. 서울 : 아이즐북스.
- 이동진(2001). 어느 날 밤. 서울 : 산하.

빨간 풍선의 모험 이야기책 생각 모으기

Q. 좌우 교대 접기 방법을 이용하여 만들 수 있는 8면책을 그려 보세요.

A.

Q. 본문 면에 글과 그림을 구성하는 다양한 방법을 적어보세요.

A.

Q. 글자 없는 그림책을 읽고 이야기를 만드는 방법을 적어보세요.

A.

Q. 8면 좌우 교대 접기 책에 글과 그림을 구성하는 방법을 적어보세요.

A.

Q. 8면 좌우 교대 접기를 변형하여 접을 수 있는 방법을 적어보세요.

A.

자료 준비하기

- 수업용 빨간 풍선의 모험 이야기책을 제작한다.
- 이야기책 540㎜×390 ㎜ 1매, 속지 카드 115㎜×115㎜ 9매를 준비한다.
- 빨간 풍선의 모험 생각 모으기(CD-ROM)를 A4 복사용지에 출력한다.
- 판권면 라벨 3108 · 3114 · 3116(CD-ROM)을 Formtec Label 3108 · 3114 · 3116 라벨용지에 컬러 출력한다.

도구 준비하기

- 연필
- 색연필
- 사인펜
- 크레파스
- 색종이
- 모양 펀치
- 가위
- 풀
- 본드
- 면봉
- 본드판
- 장식 재료

신혜민(만 7세). 동그라미의 변신. 540㎜×270㎜.

활동하기에 앞서

- 『빨간 풍선의 모험』 외에 교육 주제나 어린이들의 흥미에 따라 다른 글자 없는 그림책을 활용하여 활동할 수 있다.
- 본문의 좌우 면 또는 상하에 글과 그림을 같은 순서로 구성하도록 지도한다.
  예) 글 : 왼쪽 면 · 그림 : 오른쪽 면 또는 그림 : 왼쪽 면 · 글 : 오른쪽 면
  예) 글 : 상단 · 그림 : 하단 또는 그림 : 상단 · 글 : 하단
- 글자 없는 그림책의 내용을 정리하고 작가가 되어 이야기를 만들어보도록 하거나 글자 없는 그림책의 내용을 새로운 이야기로 바꾸어보도록 할 수 있다.

그림책 이야기 들려주기

- 그림책을 소개하고 그림에 대한 이야기를 들려준다.
- 그림책의 이야기를 다 들려준 후 책의 앞표지부터 한 장씩 넘겨가며 이야기에 대한 생각을 모은다.

Q. 이 책의 제목은 무엇이니?
Q. 이 책의 주인공은 누구이니?
Q. 이 그림책은 어떤 점이 특이하니?
Q. 작가는 책에 왜 글을 쓰지 않았을까?
Q. 빨간 풍선은 어디에서 나왔니?

Q. 빨간 풍선은 어떤 것으로 모습이 변했니?
Q. 빨간 풍선이 변신한 모습 중에 가장 마음에 드는 것은 무엇이니?
Q. 빨간 풍선으로 무엇을 만들 수 있을까?
Q. 빨간 풍선으로 무엇을 만들고 싶니?
Q. 빨간 풍선이 변하는 모습들을 어떻게 표현할 수 있을까?

빨간 풍선의 모험 이야기책 소개하고 생각 모으기

■ 수업용 빨간 풍선의 모험 이야기책을 소개하고 어떻게 만들고 무엇을 표현해야 하는지 이야기 나눈다.
Q. 이 책은 어떻게 접어서 만든 것일까?
Q. 이 책은 몇 면으로 구성되어 있니?
Q. 빨간 풍선의 모습을 각각의 면에 어떻게 표현할 수 있을까?
Q. 글자 없는 그림책에 이야기를 만들어 볼 수 있을까?
Q. 글자 없는 그림책에 어떻게 이야기를 지어볼 수 있을까?
Q. 8면책에 글과 그림을 어떻게 구성할 수 있을까?
Q. 한쪽 면에 글을 쓰고 다른 면에 그림을 그려 꾸민다면 몇 가지 이야기를 만들 수 있을까?

생각 모으기 활동지 작성하기

■ 빨간 풍선의 모험 생각 모으기 활동지에 빨간 풍선의 변하는 모습과 이야기를 간단히 적는다.

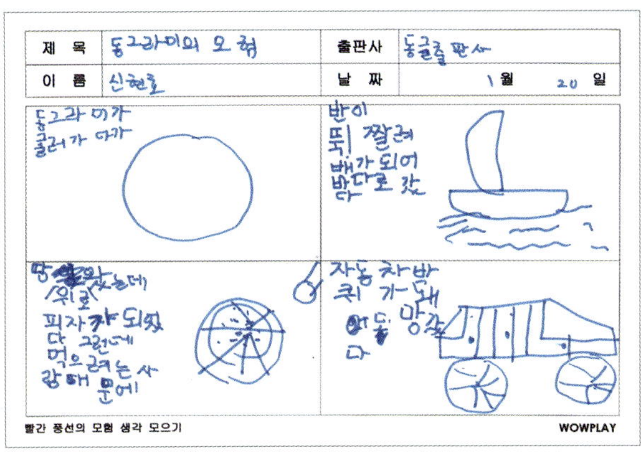

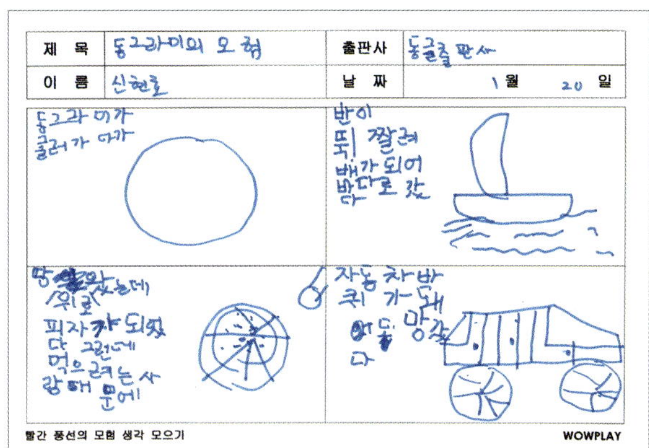

빨간 풍선의 모험 이야기책 만들기

① 8면 좌우 교대 접기

■ 이야기책을 다음과 같이 8면 좌우 교대 접기로 만든다.

❶ 8면이 되도록 가로와 세로로 접었다 편다.

❷ 가운데 중심선을 따라 1면에서 3면까지 오린다.

❸ 위 · 아래 면을 각각 병풍 접기 하고 윗면을 뒤로 꺾어 접는다.

② 앞표지 꾸미기

- 앞표지에 제목, 지은이, 출판사 명을 적는다.
- 주인공의 모습을 이용하여 앞표지 그림을 그려 보도록 격려한다.

③ 빨간 풍선의 모험 이야기 표현하기

- 그림책의 내용과 생각 모으기 활동지를 참고하여 빨간 풍선의 변화하는 모습을 1면, 3면, 5면, 7면(또는 2면, 4면, 6면, 8면)에 그림이나 다양한 조형미술 활동으로 꾸미고 이야기를 2면, 4면, 6면, 8면(또는 1면, 3면, 5면, 8면)에 표현한다.
- 그림책의 내용과 생각 모으기 활동지를 참고하여 빨간 풍선으로 만들고 싶은 모습을 바꾸고 이야기를 지어보도록 할 수 있다.

④ 뒤표지 꾸미기

- 뒤표지에 펴낸 날, 펴낸이, 펴낸 곳, 정가 등을 쓰고 바코드를 그리거나 오려 붙인다.
- 판권면 라벨을 사용할 수 있다.
- 책 만들기 경험이 풍부한 어린이들을 대상으로 활동하는 경우 ISBN을 표기하도록 할 수 있다.
- ISBN 표기 방법은『책 만들기를 통한 창의적 언어교육 I (최유경 저. WOWPLAY)』을 참고한다.

소개하기 · 감상하기

- 빨간 풍선의 모습을 어떻게 변화시켰는지 소개한다.
- 빨간 풍선의 변화하는 모습을 어떻게 표현했는지 소개한다.
- 글자 없는 그림책의 이야기를 어떻게 지었는지 소개한다.
- 빨간 풍선의 변화하는 모습과 이야기를 재미있거나 독특하게 표현한 책을 선정한다.
- 8면 좌우 교대 접기 책을 만들면서 어렵거나 힘들었던 점이 있었는지 이야기 나눈다.
- 8면 좌우 교대 접기 책을 이용하여 할 수 있는 다른 활동에 대하여 알아본다.
- 교실의 한 공간을 마련하여 완성된 빨간 풍선의 모험 이야기책을 서로 감상할 수 있도록 전시한다.

Gallery

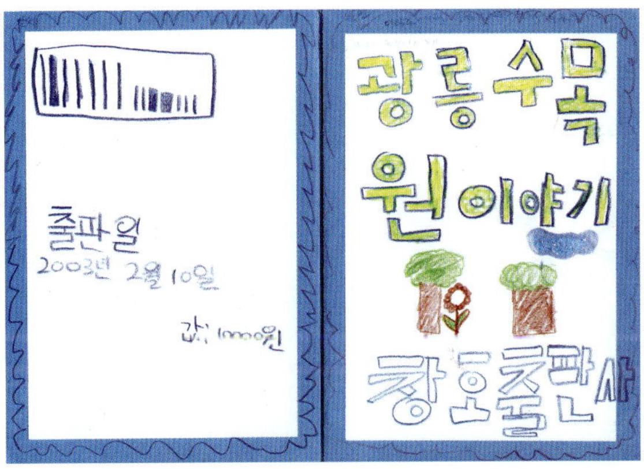

출판일
2003년 2월 10일
값: 10000원
광릉수목원 이야기
창호출판사

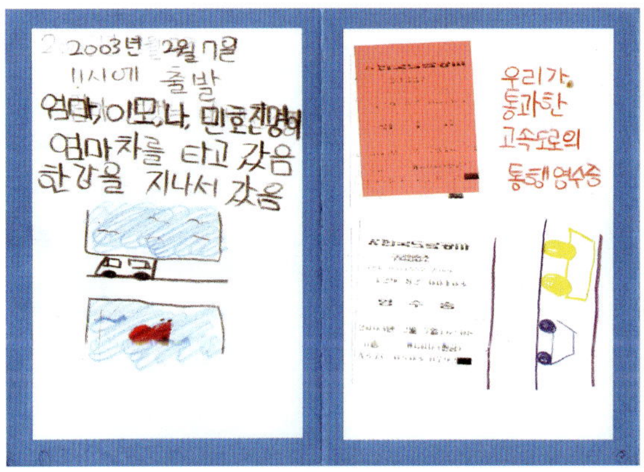

2003년 2월 7일
11시에 출발
엄마, 이모, 나, 민호, 진영이
엄마 차를 타고 갔음
한강을 지나서 갔음
우리가 통과한 고속도로의 통행영수증

국립 수목원에 도착해서 입장권을 받음
2003-02-07 12:13 00001027
국립수목원

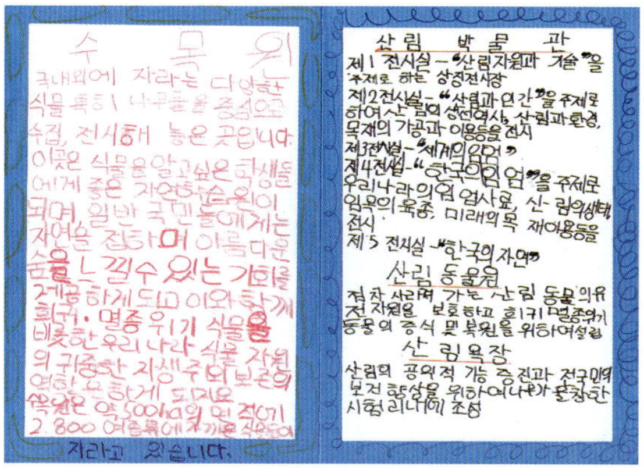

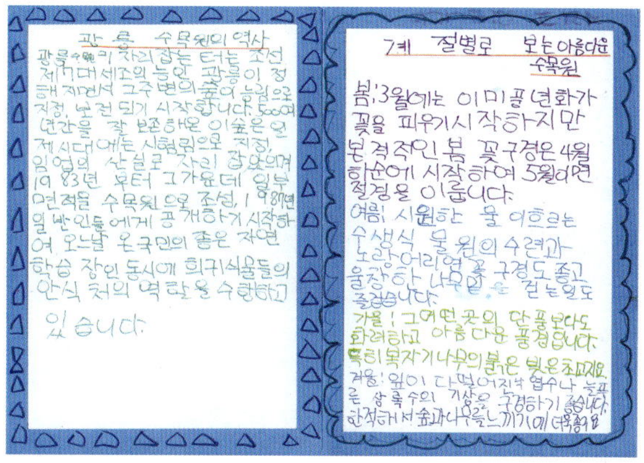

이창호(만 9세). 광릉수목원 이야기. 540㎜×390㎜.

신혜민(만 7세). 동그라미의 변신. 540㎜×270㎜.

이예인(만 7세). 도형들의 변신. 540㎜×270㎜.

꼬물꼬물 글자벌레

꼬물꼬물 글자벌레Ⅳ. 2003. 800㎜×400㎜.

참고도서

- 고미 타로(2000). 누구나 눈다. 서울 : 한림출판사.
- 로이스 엘러트(2000). 알록달록 물고기. 서울 : 시공주니어.
- 심스 태백(2004). 책이 지은 집에서 도대체 무슨 일이 일어났을까? 서울 : 베틀북.
- 로렌 차일드(2001). 난 토마토 절대 안 먹어. 서울 : 국민서관.

활동하기에 앞서

Q. 12면을 만들 수 있는 좌우 교대 접기 방법을 그려 보세요.

A.

Q. 16면을 만들 수 있는 좌우 교대 접기 방법을 그려 보세요.

A.

Q. 24면을 만들 수 있는 좌우 교대 접기 방법을 그려 보세요.

A.

Q. 36면을 만들 수 있는 좌우 교대 접기 방법을 그려 보세요.

A.

Q. 좌우 교대 접기 책에 글자를 이용하여 할 수 있는 활동을 적어 보세요.

A.

Q. 좌우 교대 접기 책에 숫자를 이용하여 할 수 있는 활동을 적어 보세요.

A.

자료 준비하기

- 수업용 꼬물꼬물 글자벌레 책을 제작한다.
- 150㎜×200㎜(12면) · 150㎜×250㎜(15면) · 200㎜×200㎜(16면) · 200㎜×250㎜(20면) · 200㎜×300㎜(24면) · 200㎜×400㎜(32면) · 300㎜×300㎜(36면) 중 활동 유형에 적절한 크기로 1매를 준비한다.
- 꼬물꼬물 글자벌레 생각 모으기(CD-ROM)를 A4 복사용지에 출력한다.
- Formtec Label 3639 또는 3640 라벨용지를 준비한다.

도구 준비하기

- 연필
- 색연필
- 사인펜
- 크레파스

최가희(만 4세). 재미나라. 200㎜×200㎜.

전태현(만 4세). 내 친구. 300㎜×300㎜.

활동하기에 앞서

- 종이 크기는 활동 유형이나 본문 면에 따라 다양하게 제공할 수 있다.
  일반적으로 12면 · 16면 · 18면 · 24면 · 32면 · 36면 등으로 만들 수 있으며 그에 따른 접고 오리는 방법은 쪽을 참고한다.
- 종이의 색깔이 짙은 색인 경우 Formtec Label 3639 또는 3640을 사용하고 하얀색의 종이를 사용하는 경우 책에 직접 글을 쓰도록 한다.
- 꼬물꼬물 글자벌레 책에 담는 낱말은 어린이들과 의논하여 정하거나 교사가 주제를 정하여 제시할 수 있다.
  예) 한 글자로 이루어진 낱말 쓰기 (해, 달, 별, 물, 산, 꽃 등)
  두 글자로 이루어진 꽃 이름 쓰기 (장미, 백합, 튤립, 철쭉, 목련 등)
  세 글자로 된 동물 이름 쓰기 (호랑이, 개구리, 코끼리, 고양이, 얼룩말 등)
  네 글자로 이루어진 재미있는 낱말 쓰기 (꼬물꼬물, 칙칙폭폭, 엉금엉금, 깡충깡충, 폴짝폴짝 등)
  내가 알고 있는 글자 쓰기
  내가 좋아하는 친구 이름 쓰기
  우리 교실에 있는 물건 이름 쓰기
- 책의 크기가 작은 형태인 경우 앞표지에 제목을 적고 뒤표지에 지은이를 적도록 지도한다.

꼬물꼬물 글자벌레 책 소개하고 생각 모으기

- 수업용 꼬물꼬물 글자벌레 책을 소개하고 어떻게 만들고 무엇을 표현해야 하는지 이야기 나눈다.

Q. 이 책을 보면 무엇이 생각나니?

Q. 이 책의 모습은 무엇과 비슷해 보이니?
Q. 이 책은 어떻게 접어서 만든 것일까?
Q. 이렇게 접는 방법을 무엇이라고 할까?
Q. 이 책은 몇 면으로 구성되어 있니?
Q. 이 책을 이용하여 어떤 활동을 할 수 있을까?
Q. 한 글자로 이루어진 동물 이름을 이야기해 보자.
Q. 이 책에 한 글자로 된 동물 이름을 적으려면 어떻게 적을 수 있을까?
Q. 두 글자(세 글자 · 네 글자)로 이루어진 동물(과일 · 사물) 이름을 이야기해 보자.
Q. 이 책에 두 글자(세 글자 · 네 글자)로 된 동물(과일 · 사물) 이름을 적으려면 어떻게 적을 수 있을까?

생각 모으기 활동지 작성하기

- 원하는 유형의 꼬물꼬물 글자벌레 생각 모으기 활동지에 주제에 맞는 낱말을 생각하여 적는다.
- 연령이 낮거나 스스로 쓰기에 어려움을 느끼는 어린이를 대상으로 활동할 경우 생각 모으기 활동지를 작성하지 않고 본문 면에 직접 낱말을 적도록 지도한다.
- 개별적으로 좋아하는 그림책을 가져와서 원하는 글자를 찾아서 쓰도록 할 수 있다.

꼬물꼬물 글자벌레 책 만들기

① 좌우 교대 접기

- 종이를 활동 유형에 따라 적절한 크기의 종이를 선택하여 12면, 15면, 16면, 20면, 24면, 32면, 36면 좌우 교대 접기를 한다.
- 만들고자 하는 면수에 따라 종이를 지그재그로 접고 아래 그림과 같이 선을 따라 자른 후 연결된 면을 좌우 교대로 뒤로 꺾는다.

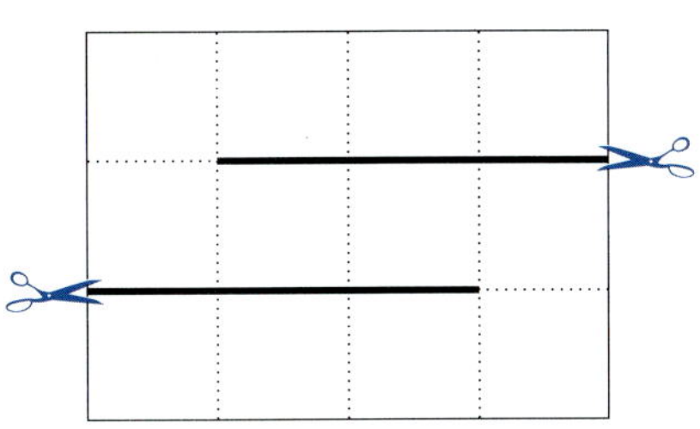

12면

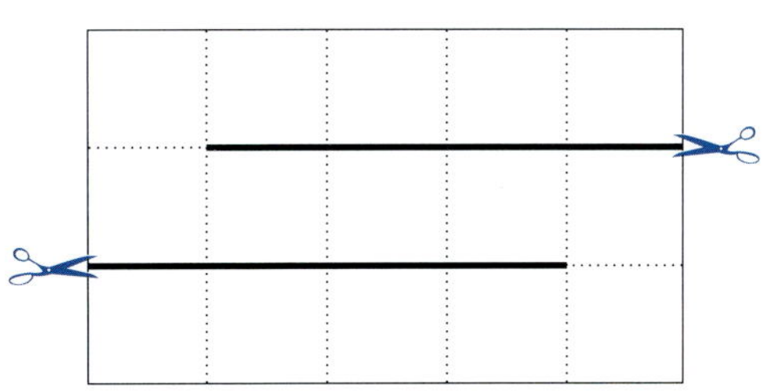

15면

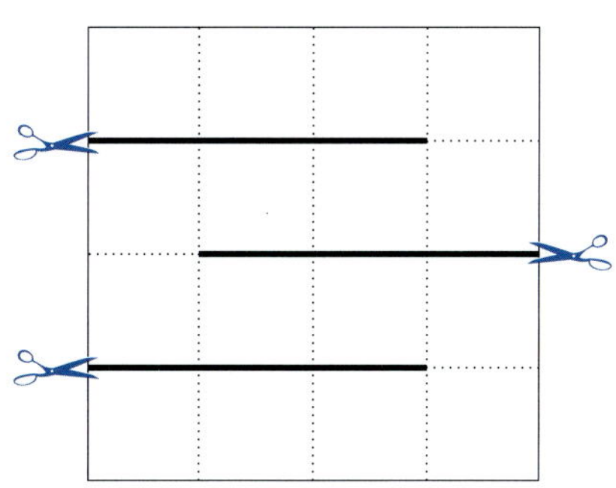

16면

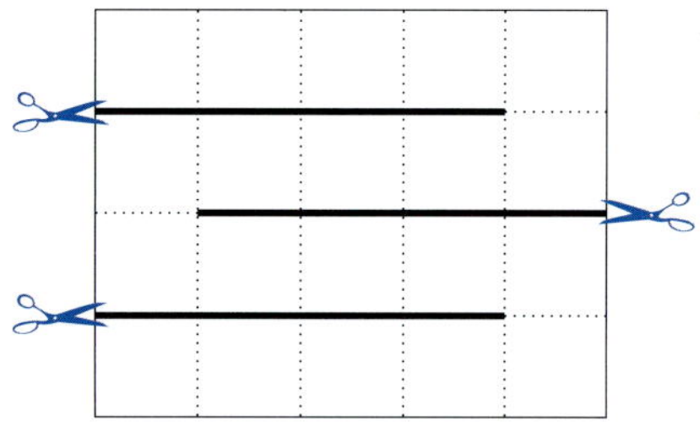

20면

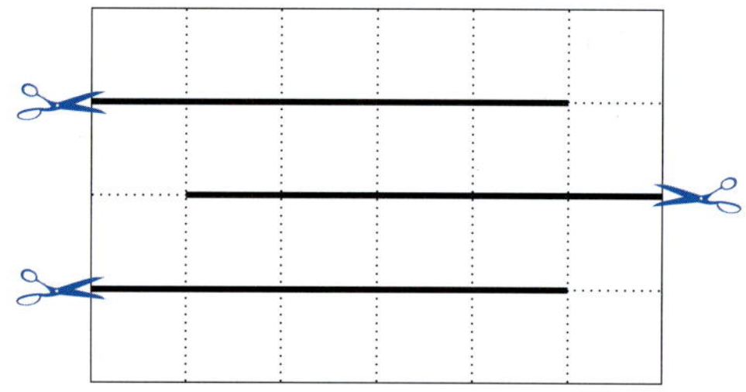

24면

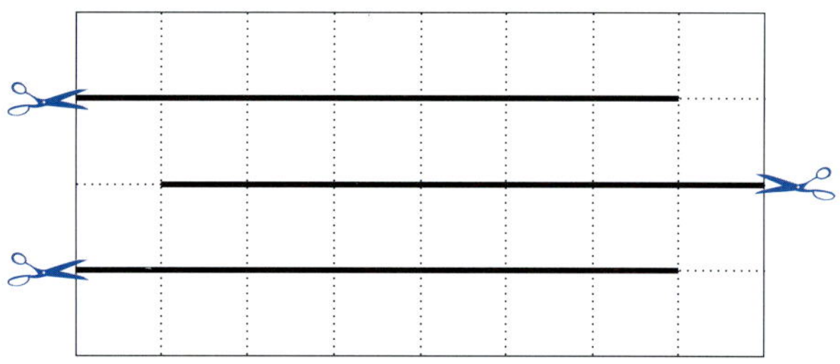

32면

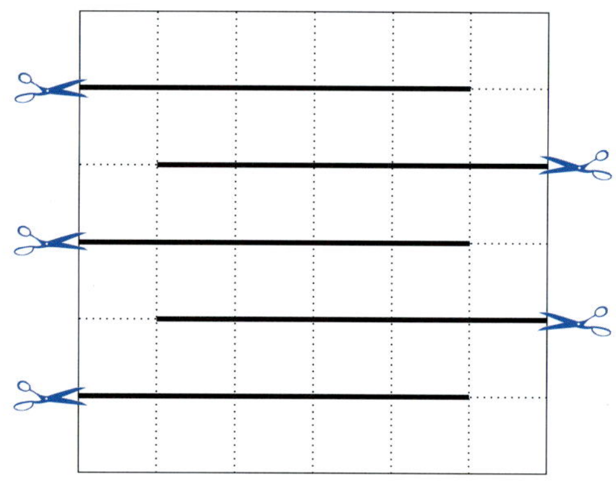

36면

② 앞표지 꾸미기

- 앞표지에 제목, 지은이, 출판사 명을 적는다.
- 책의 크기가 작은 경우 제목만 적고 뒤표지에 지은이를 적도록 할 수 있다.

③ 낱말 찾아 쓰기

- 본문 면에 스스로 쓰고 싶은 낱말 또는 주어진 주제에 적합한 낱말을 생각하고 생각 모으기 활동지를 참고하여 적합한 낱말을 한 칸에 한 글자씩 적는다.
- 개별적으로 좋아하는 그림책을 가져와서 보고 베껴 쓰도록 하는 경우, 등장하는 인물들 이름 찾아 쓰기, 그림책에 나오는 재미있는 낱말 찾아 쓰기, 그림책에 나오는 내가 알고 있는 낱말 찾아 쓰기, 세글자로 이루어진 낱말 찾아 쓰기 등과 같이 일정한 주제를 정하여 활동하도록 할 수 있다.

④ 뒤표지 꾸미기

- 뒤표지에 펴낸 날, 펴낸 이, 펴낸 곳, 정가를 적고 바코드를 그리거나 오려 붙인다.
- 책의 크기가 작은 경우 지은이만 적도록 할 수 있다.
- 책 만들기 경험이 풍부한 어린이들을 대상으로 활동하는 경우 ISBN을 표기하도록 할 수 있다.
- ISBN 표기 방법은『책 만들기를 통한 창의적 언어교육 I (최유경 저. WOWPLAY)』을 참고한다.

소개하기 · 감상하기

- 어떤 낱말들을 적었는지 소개한다.
- 재미있는 낱말이나 독특한 낱말을 찾아서 적은 책을 알아본다.
- 처음 듣는 글자 또는 뜻을 모르는 낱말을 찾아서 적은 책이 있는지 알아본다.
- 정해진 규칙 또는 주제에 적합한 낱말들을 찾아서 적었는지 알아본다.
- 좌우 교대 접기를 이용하여 할 수 있는 다른 활동에 대하여 알아본다.
- 교실의 한 공간을 마련하여 완성된 꼬물꼬물 글자벌레 책을 서로 감상할 수 있도록 전시한다.

Gallery

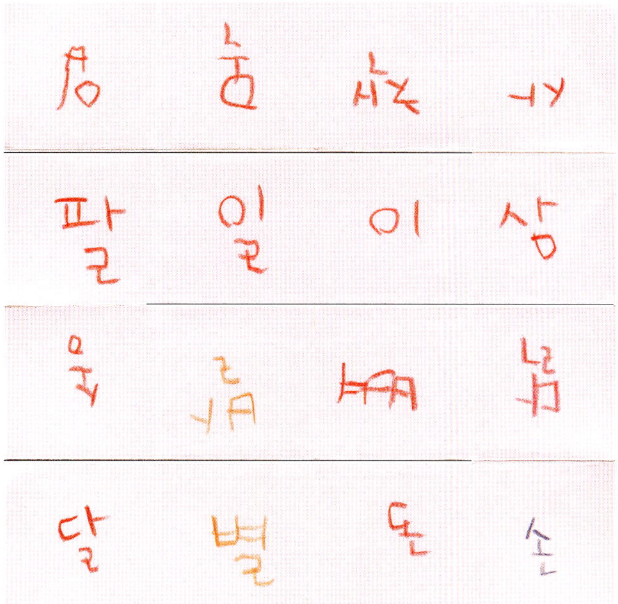

최가희(만 4세). 재미나라. 200㎜×200㎜.

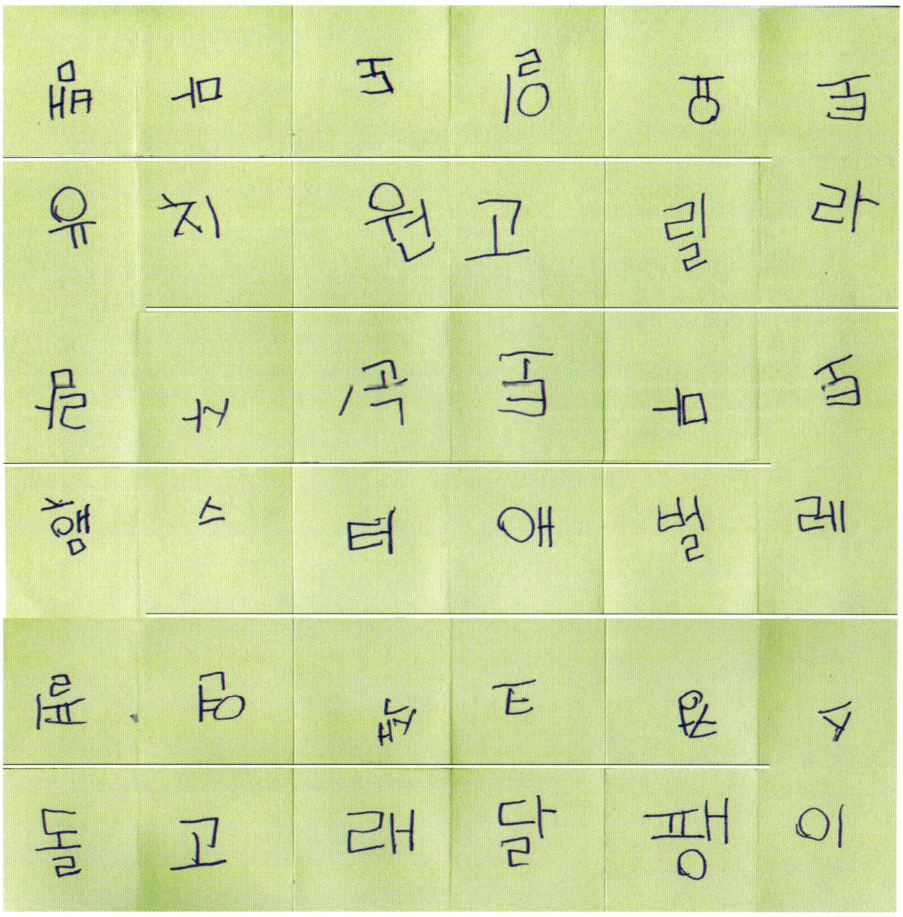

신현준(만 5세). 꿈틀이책. 300㎜×300㎜.

Gallery

꼬물꼬물 글자벌레Ⅲ. 2003. 300㎜×300㎜.

꼬물꼬물 글자벌레Ⅱ. 2003. 300㎜×200㎜.

CHAPTER 4

큰 책을 활용한 문해 활동

LLiteracy Activity through Big Books

- 관찰일지
- 주제망 생각 모으기
- 동시로 꾸미는 큰 책
- 맛있는 과자나라

관찰일지

세계의 이야기 마법사. 2003. 390㎜×300㎜.

참고도서

- 마쓰오카 다쓰히데(2000). 숲의 도감. 서울 : 진선출판사.
- 미쓰오카 다쓰히데(2000). 바닷가 도감. 서울 : 진선출판사.

※ 관찰 ① 사물을 주의하여 자세히 살펴 봄.
② 실험과 더불어 과학적 연구 방법의 하나.
사물의 현상에 대하여 일정한 목적을 정하고 자연 상태 그대로 주의하여 자세히 살펴 봄.

관찰일지 생각 모으기

Q. 큰 책을 이용하여 할 수 있는 활동을 적어보세요.
A.
Q. 9면 큰 책을 이용하여 할 수 있는 활동을 적어보세요.
A.
Q. 관찰일지를 작성할 수 있는 탐구 활동을 적어보세요.
A.
Q. 관찰일지를 작성할 때 표현해야 할 내용들을 적어 보세요.
A.
Q. 관찰일지를 작성하는 이유를 적어보세요.
A.

자료 준비하기

- 수업용 9면 관찰일지 큰 책을 제작한다.
- 큰 책 540㎜×390㎜ 1매, 속지카드 110㎜×160㎜ 10매를 준비한다.
- 날짜 라벨 3621(CD-ROM)을 Formtec Label 3621 라벨용지에 출력한다.
- 판권면 라벨 3108 · 3114 · 3116(CD-ROM)을 Formtec Label 3108 · 3114 · 3116 라벨용지에 컬러 출력한다.

도구 준비하기

- 연필
- 색연필
- 사인펜
- 크레파스
- 색종이
- 모양 펀치
- 가위
- 풀
- 본드
- 면봉
- 본드판
- 장식 재료

백수빈(만 5세). 곤충들의 나들이. 540㎜×390㎜.

활동하기에 앞서

- 관찰일지는 씨앗을 심고 싹이 트고 자라는 과정, 개구리 알이 자라서 올챙이가 되고 다시 개구리로 자라는 과정, 견학을 가서 관찰한 것들, 특정한 주제(과일, 꽃, 곤충, 동물 등)에 관한 것 등을 관찰하고 소개하는 활동으로 진행하거나 그림책에 등장하는 주인공들이나 그림책의 내용을 소개하는 활동으로 진행할 수 있다.
- 교실 내에서 특별한 상황이나 문제가 발생했을 때 학급 전체 어린이들이 이야기나누기 활동을 통해 규칙이나 약속을 정하여 큰 책에 표현하고 전체 어린이들이 읽을 수 있는 장소에 펼쳐서 부착해 놓을 수 있다.
  예) 물고기 먹이 주는 방법, 컴퓨터 활동 방법, 친구를 때렸을 때 사과하는 방법, 줄을 서야 하는 곳 등
- 날짜 라벨 3621(CD-ROM)을 사용하지 않고 직접 날짜를 적도록 할 수 있다.
- 활동 유형에 따라 날짜를 표기하지 않을 수 있다.
- 큰 책의 색깔이 짙은 색인 경우 하얀색 속지 카드를 붙이고 내용을 표현하도록 지도한다.

9면 관찰일지 큰 책 소개하고 생각 모으기

- 수업용 9면 관찰일지 큰 책을 소개하고 어떻게 만들고 무엇을 표현해야 하는지 이야기 나눈다.

Q. 이 책은 어떻게 접어서 만든 것일까?
Q. 이 책의 이름은 무엇이라고 부를 수 있을까?
Q. 이 책은 몇 면으로 구성되어 있니?
Q. 9면 큰 책을 이용하여 무엇을 표현할 수 있을까?
Q. '관찰' 이란 무엇일까?
Q. '관찰' 한 것을 기록해 놓는 것을 무엇이라고 할까?
Q. 관찰일지는 어떻게 기록하는 것일까?
Q. 우리 교실에 어떤 새로운 일이 생겼니?
Q. 씨앗이 자라는 모습(또는 알이 자라는 모습, 애벌레가 자라는 모습, 식빵이 변화하는 모습 등)을 관찰하고 어떻게 기록할 수 있을까?

9면 관찰일지 큰 책 만들기

① 9면 큰 책 접기

- 큰 책을 다음과 같이 가로와 세로로 3면으로 접어서 9면 큰 책을 만든다.

❶ 가로와 세로로 3면으로 접었다 편다.

❷ 아래 면을 접어 올리고 윗면을 접어 내린다.

❸ 왼쪽면을 안으로 접어넣고 오른쪽 면을 그 위로 접는다.

② 앞표지 꾸미기

- 앞표지에 제목, 지은이, 출판사 명을 적는다.
- 관찰하고자 하는 사물이나 주인공의 모습을 이용하여 앞표지 그림을 그려 보도록 격려한다.

③ 날짜 라벨 붙이기
- 날짜 라벨을 떼어서 각각의 면에 차례로 붙인다.
- 날짜 라벨을 사용하지 않고 팬시 라벨을 이용하여 직접 날짜를 적도록 할 수 있다.
- 관찰활동 유형에 따라 날짜를 적지 않고 자유로이 관찰 내용을 표현하도록 할 수 있다.

④ 관찰 규칙 정하기
- 관찰하고자 하는 사물이나 주인공을 언제 관찰하고 어떻게 표현할 것인지 규칙을 정한다.
  예) 오전 또는 오후 자유선택활동시간에 관찰하고 기록하기
  하루에 한번 또는 이틀에 한번씩 관찰하고 기록하기
  관찰 대상의 모습을 그리기 또는 모습을 그리고 글로 설명하기
- 어린이들이 정한 규칙을 받아 적어서 관찰 대상이 놓여있는 곳에 부착해 놓는다.

⑤ 관찰일지 기록하기
- 관찰 규칙에 따라 관찰 대상을 관찰하고 1면부터 9면까지 차례로 그림과 글로 변화하는 과정을 기록한다.

⑥ 뒤표지 꾸미기
- 관찰활동이 끝나면 뒤표지에 펴낸 날, 펴낸이, 펴낸 곳, 정가 등을 쓰고 바코드를 그리거나 오려 붙인다.
- 판권면 라벨을 사용할 수 있다.
- 책 만들기 경험이 풍부한 어린이들을 대상으로 활동하는 경우 ISBN을 표기하도록 할 수 있다.
- ISBN 표기 방법은 『책 만들기를 통한 창의적 언어교육 I (최유경 저. WOWPLAY)』을 참고한다.

소개하기 · 감상하기
- 무엇을 관찰했는지 소개한다.
- 관찰 대상이 어떻게 변화했는지 소개한다.
- 관찰일지를 보기에 편하고 알기 쉽게 표현한 관찰일지를 알아본다.
- 관찰일지를 독특하거나 아름답게 표현한 책을 선정한다.
- 관찰일지 큰 책을 이용하여 할 수 있는 새로운 활동에 대하여 알아본다.
- 큰 책을 만들면서 어렵거나 힘들었던 점이 있었는지 이야기 나눈다.
- 교실의 한 공간을 마련하여 완성된 9면 관찰일지 큰 책을 서로 감상할 수 있도록 전시한다.

Gallery

강혜민(만 7세). 나의 하루생활. 540㎜×390㎜.

Gallery

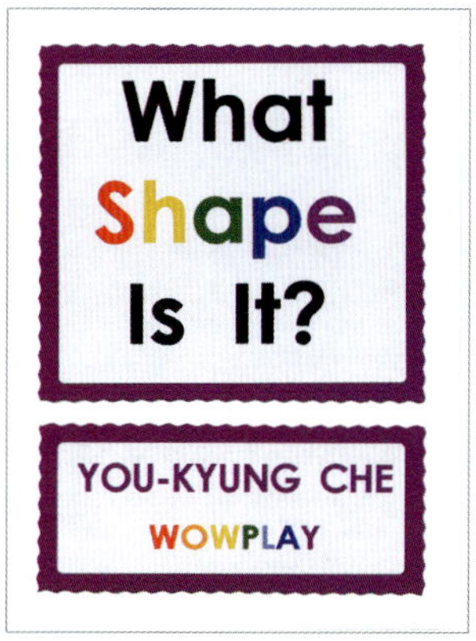

What Shape Is It? 2003. 540㎜×390㎜.

주제망 생각 모으기

우리또래어린이집 총명한반 친구들(만 5세). 우리또래 견학일지. 390㎜×540㎜.
혜전대학부속유치원 바다빛 친구들(만 5세). 신발 생각 모으기. 390㎜×540㎜.

활용도서

- 고미 타로(2003). 모두가 가르쳐 주었어요. 서울 : 달리.

참고도서

- 로이스 엘러트(2001). 알록달록 동물원. 서울 : 시공주니어.
- 로이스 엘러트(2001). 알록달록 물고기. 서울 : 시공주니어.
- 이보나 흐미엘레프스카(2004). 파란 막대 파란 상자. 서울 : 사계절.

주제망 생각 모으기

Q. 주제망이란 무엇인가요?

A.

Q. 주제망을 만드는 이유를 적어보세요.

A.

Q. 주제망을 만들기에 적합한 주제를 적어보세요.

A.

Q. 주제망을 만드는 방법을 적어 보세요.

A.

Q. 주제망 생각 모으기 책을 활용하여 전개할 수 있는 후속 활동을 적어보세요.

A.

자료 준비하기

- 수업용 주제망 생각 모으기 큰책을 제작한다.
- 큰 책 540㎜×390㎜ 1매, 속지카드 110㎜×160㎜ 10매를 준비한다.
- 주제망 활동지 · 주제망 생각 모으기(CD-ROM)를 A4 복사용지에 출력한다.
- Formtec Label 3639 또는 3640 라벨용지, 팬시라벨, 조각 종이 또는 포스트잇을 준비한다.
- 판권면 라벨 3108 · 3114 · 3116(CD-ROM)을 Formtec Label 3108 · 3114 · 3116 라벨용지에 컬러 출력한다.

도구 준비하기

- 연필
- 색연필
- 사인펜
- 크레파스
- 색종이
- 모양 펀치
- 가위
- 풀
- 본드
- 면봉
- 본드판
- 장식 재료
- 조각 종이
- 포스트잇
- 팬시라벨

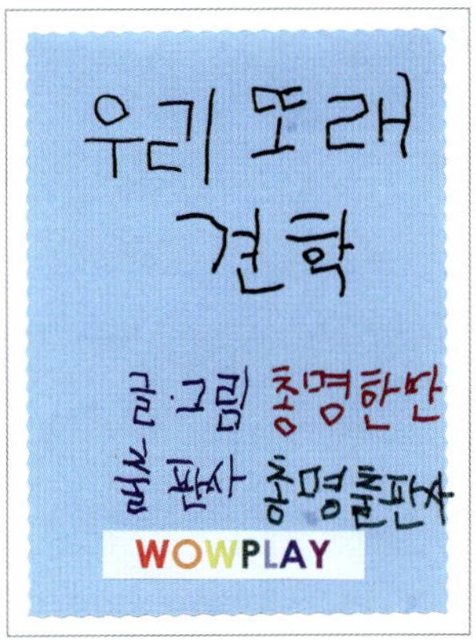

우리또래어린이집 총명한반 친구들(만 5세). 우리또래 견학일지. 390㎜×540㎜.

활동하기에 앞서

- 주제망 생각 모으기 큰 책 만들기는 사전에 주제망을 구성하는 활동에 대한 경험이 있는 어린이들을 대상으로 활동하는 것이 적절하다.
- 주제망을 구성하는 방법에 대한 경험이 적은 교사의 경우를 참고하여 주제망을 구성하는 전체 과정에 대한 이해를 바탕으로 지도해야 한다.
- 프로젝트 교육 경험이 없거나 주제망 구성하기에 대한 경험이 없는 경우 친숙한 주제를 중심으로 간단한 소주제를 8가지 정하여 각각의 주제에 대하여 알고 있거나 생각나는 것들을 표현해 보도록 할 수 있다.
- 학급의 교육 단원 또는 프로젝트에 따른 주제를 중심으로 주제망 구성하기 활동을 진행하고 큰 책을 만들 수 있다.
- 포스트잇을 이용하여 주제에 따라 생각나는 것들을 자유로이 적어서 단어 벽을 만든 후 유목화를 통해 주제망 생각 모으기 큰 책을 만들도록 할 수 있다.
- 주제망 활동지 또는 하얀색 속지 카드는 큰 책의 색깔이 짙은 색인 경우에 사용한다.
- 개별적으로 주제망 생각 모으기 큰 책을 만드는데 어려움을 느끼는 경우 여러 명의 어린이들이 참여하여 공동으로 책을 완성할 수 있도록 지도한다.

9면 주제망 생각 모으기 큰 책 소개하고 생각 모으기

- 수업용 9면 주제망 생각 모으기 큰 책을 소개하고 어떻게 만들고 무엇을 표현해야 하는지 이야기 나눈다.

Q. 이 책은 어떻게 접어서 만든 것일까?

Q. 이 책의 이름은 무엇이라고 부를 수 있을까?

Q. 이 책은 몇 면으로 구성되어 있니?

Q. 9면 큰 책을 이용하여 무엇을 표현할 수 있을까?

Q. 주제망이란 무엇일까?

Q. 주제망은 어떻게 만드는 것일까?

Q. 9면 큰 책을 이용하여 주제망을 구성하려면 주제는 어느 면에 적으면 좋을까?

Q. 주제에 대하여 알고 있는 것이나 생각나는 것들을 어떻게 기록할 수 있을까?

Q. 기록한 것들을 어떻게 분류할 수 있을까?

Q. 분류한 것들을 주제망 생각 모으기 큰 책에 어떻게 표현할 수 있을까?

9면 주제망 생각 모으기 큰 책 만들기

① 9면 큰 책 접기(72쪽 참고)

- 큰 책을 가로와 세로로 3면으로 접어서 9면 큰 책을 만든다.
- 공동으로 큰 책을 꾸미는 경우 교사가 접어서 제공한다.

② 주제 정하기

- 알아보고자 하는 것 또는 알아보고 싶은 주제를 선정한다.
- 주제 선정은 교사와 어린이가 의논하여 결정한다.

③ 생각 모으기

- 주제에 따라 생각나는 것이나 알고 있는 것을 이야기하고 조각 종이 또는 포스트잇에 적어서 단어벽을 만든다.
- 단어 벽에 붙여진 단어들을 유목화하여 소주제에 따라 분류한다.
- 개별적으로 생각 모으기를 하는 경우 주제망 생각 모으기(CD-ROM) 활동지를 사용하여 소주제와 그에 따른 생각들을 정리할 수 있도록 지도한다.

④ 앞표지 꾸미기

- 9면으로 접은 큰 책의 뒷면 중앙면(5면)에 제목, 지은이, 출판사 명을 적는다.
- 제목은 주제를 적고 지은이는 생각 모으기 활동에 참여한 어린이들이 각자의 이름을 적도록 하며, 출판사 명은 참여한 어린이들이 의논하여 적도록 한다.
- 주제에 따른 사물이나 주인공의 모습을 이용하여 앞표지 그림을 그려 보도록 격려한다.
- 주제망 활동지(CD-ROM)의 표지 양식을 출력하여 사용하거나 하얀색 속지 카드를 붙여서 표현할 수 있다.

⑤ 주제망 기록하기

- 앞표지에 표현한 것과 같은 방식으로 9면으로 접은 큰 책의 중앙면(5면)에 지은이, 출판사 명을 적고 앞표지 그림을 그리거나 주제만을 크게 적는다.
- 생각 모으기 활동을 통해 주제에 관계된 소주제들을 각각의 면 중아에 적고 소주제에 따라 생각나는 것, 알고 있는 것, 연관된 것 등을 방사선 모양으로 기록한다.
- 주제망 활동지(CD-ROM)의 소주제용 양식을 출력하여 활동지 중앙의 동그라미 속에 소주제를 적고 생각나는 것들을 표현하여 오려 붙이거나 하얀색 속지 카드에 Formtec Label 3639 또는 3640 라벨을 붙이고 소주제를 표현하도록 할 수 있다.

⑥ 뒤표지 꾸미기

- 관찰활동이 끝나면 뒤표지에 펴낸 날, 펴낸이, 펴낸 곳, 정가 등을 쓰고 바코드를 그리거나 오려 붙인다.
- 판권면 라벨을 사용할 수 있다.
- 책 만들기 경험이 풍부한 어린이들을 대상으로 활동하는 경우 ISBN을 표기하도록 할 수 있다.
- ISBN 표기 방법은 『책 만들기를 통한 창의적 언어교육 I (최유경 저. WOWPLAY)』을 참고한다.

소개하기 · 감상하기

- 주제에 따라 소주제를 어떻게 분류했는지 소개한다.
- 소주제에 따라 생각하고 표현한 것들을 소개한다.
- 독특한 사물이나 생각을 표현한 경우에 대하여 알아본다.
- 주제망 생각 모으기 큰 책을 이용하여 만들 수 있는 새로운 활동에 대하여 알아본다.
- 주제망 생각 모으기 큰 책을 만들면서 어렵거나 힘들었던 점이 있었는지 이야기 나눈다.
- 교실의 한 공간을 마련하여 완성된 9면 주제망 생각 모으기 큰 책을 서로 감상할 수 있도록 전시한다.

Gallery

혜전대학부속유치원 바다빛 친구들(만 5세). 신발 생각 모으기. 390㎜×540㎜.

Gallery

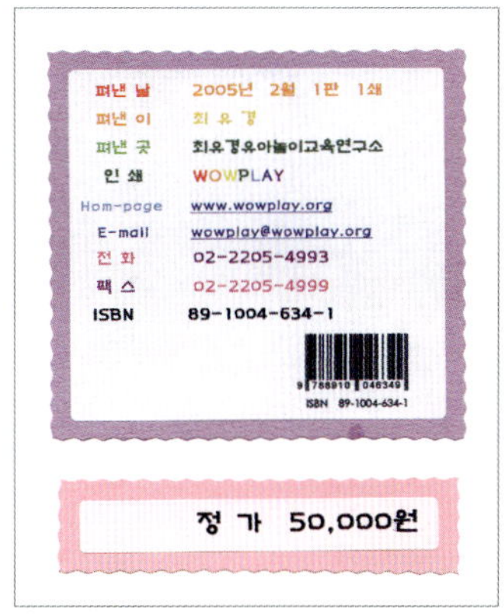

최유경. 2003. 390㎜×540㎜.

동시로 꾸미는 큰 책

동물들의 움직임. 2004. 390㎜×540㎜.
주인공이 같아요. 2003. 540㎜×390㎜.

참고도서

- 뻬뜨르 호라체크(2002). 까맣고 하얀 게 무엇일까요? 서울 : 시공주니어.
- 박문희 엮음 · 이오덕 풀이(2000). 침 튀기지 마세요. 서울 : 고슴도치.
- 이경우 지음 · 임부미 그림(1993). 빨주노초파남보. 서울 : 한림출판사.
- 토드 파(2005). 책을 읽으면 기분이 좋아져요. 서울 : 시공주니어.
- 토드 파(2005). 괜찮아요. 서울 : 시공주니어.
- 한국어린이육영회(1994). 한국 전래동요의 통합적 활용을 위한 작은 책 1. 서울 : 한국어린이육영회.
- 한국어린이육영회(1995). 한국 전래동요의 통합적 활용을 위한 작은 책 2. 서울 : 한국어린이육영회.
- 한국어린이육영회(2003). 엄마랑 함께 하는 동시 그림책. 서울 : 한국어린이육영회.

동시로 꾸미는 큰 책 생각 모으기

Q. 본문이 시적인 운율을 지닌 그림책을 적어보세요.

A.

Q. 본문이 반복적인 문장이나 구조로 이루어진 그림책을 적어보세요.

A.

Q. 본문이 질문과 대답의 형식으로 이루어진 그림책을 적어보세요.

A.

Q. 운율과 반복, 질문과 대답 형식의 그림책 이야기를 이용하여 동시를 지어보세요.

A.

자료 준비하기

- 수업용 9면 동시로 꾸미는 큰책을 제작한다.
- 큰 책 540㎜×390㎜ 1매, 동시카드 110㎜×160㎜ 10매를 준비한다.
- 동시 생각 모으기(CD-ROM)를 A4 복사용지에 출력한다.
- 판권면 라벨 3108 · 3114 · 3116(CD-ROM)을 Formtec Label 3108 · 3114 · 3116 라벨용지에 컬러 출력한다.

도구 준비하기

- 연필
- 색연필
- 사인펜
- 크레파스
- 색종이
- 모양 펀치
- 가위
- 풀
- 본드
- 면봉
- 본드판
- 장식 재료

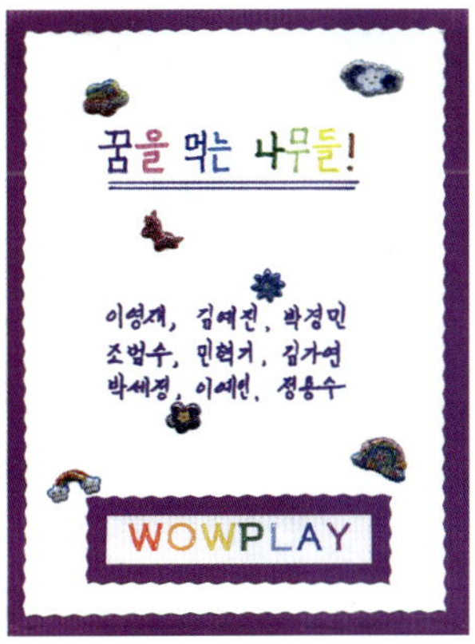

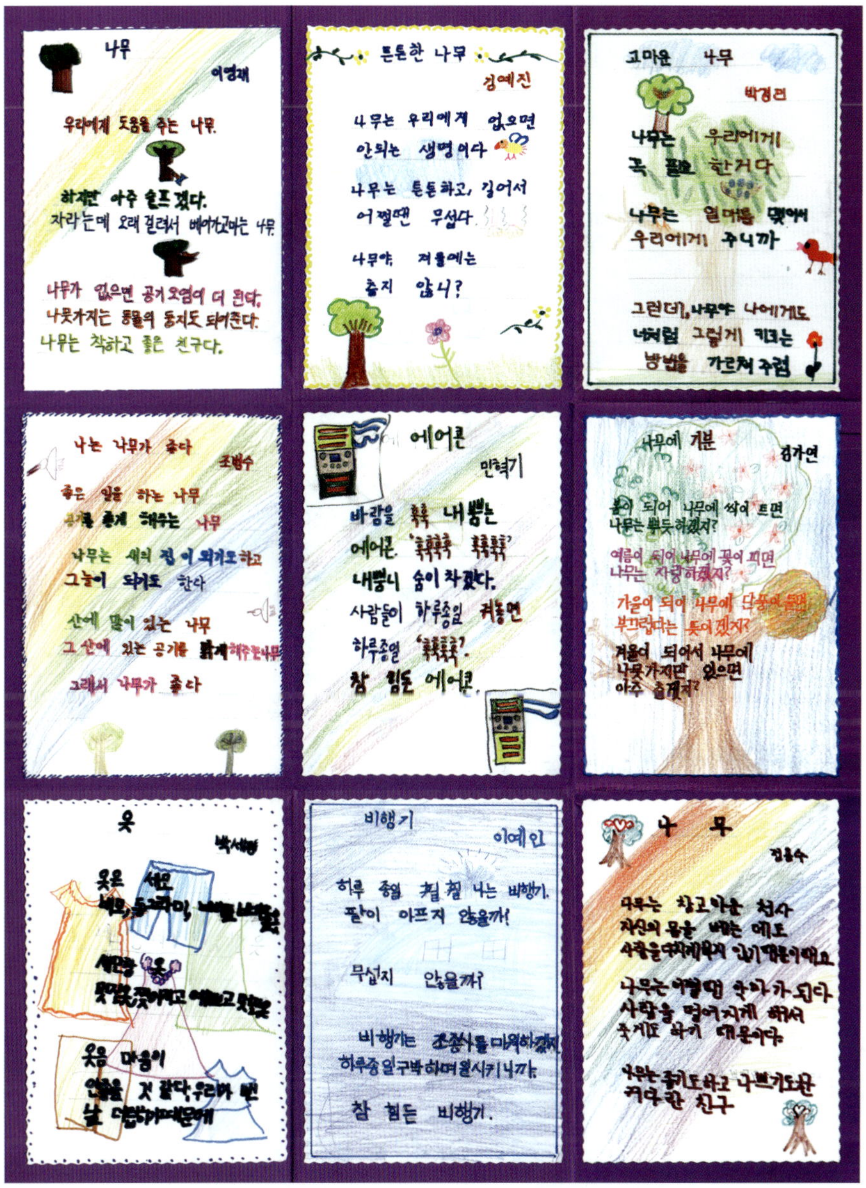

드림시드 어린이집 친구들 : 이영재 · 김예진 · 박경민 · 조범수 · 민혁기 · 김가연 · 박세정 · 이예인 · 정용수(만 7세).

꿈을 먹는 나무들. 540㎜×390㎜.

활동하기에 앞서

- 동시 짓기는 위에 제시된 참고도서를 중에 한 권을 선택하여 읽고 본문의 이야기 또는 이야기 구조를 바꾸어 동시를 지을 수 있다.
- 동시의 의미와 구조를 이해하기 까지는 많은 경험이 필요하므로 매주 지속적으로 다양한 유형의 동시를 소개하고 동시를 부분적으로 바꾸어 보는 경험을 할 수 있도록 지도한다.
- 동시 짓기에 익숙하지 않은 어린이들을 대상으로 활동할 경우 참고도서 외에 운율과 반복 또는 질문과 대답 형식의 동시를 선택하여 읊고 부분적으로 시어를 바꾸어 동시를 짓도록 지도한다.
- 동시 짓기에 익숙한 어린이들을 대상으로 활동할 경우 좋아하는 그림책의 이야기에 운율을 주어 동시를 짓거나 생활 경험을 중심으로 동시를 짓도록 지도한다.
- 처음부터 개별적으로 동시를 지을 경우 어려움을 느낄 수 있으므로 여러 명이 함께 지어 동시로 꾸미는 큰 책을 만들고 익숙해지면 주제에 따라 개별적으로 동시를 지어 개별적으로 큰 책을 완성하도록 지도한다.

동시 읊고 생각 모으기

- 삐뜨르 호라체크(2002)의 『까맣고 하얀 게 무엇일까요?』를 소개하고 까맣고 하얀 것에는 무엇이 있는지 이야기 나눈다.

Q. 까만 것에는 또 무엇이 있을까?
Q. 하얀 것에는 또 무엇이 있을까?
Q. 까맣고 하얀 것에는 또 무엇이 있을까?
Q. 빨간 것에는 무엇이 있을까?
Q. 까맣고 빨간 것에는 무엇이 있을까?
Q. 초록인 것에는 무엇이 있을까?
Q. 빨갛고 초록인 것에는 무엇이 있을까?

- 삐뜨르 호라체크(2002)의 『까맣고 하얀 게 무엇일까요?』의 이야기 구조를 이용하여 다양한 색깔의 사물에 대하여 이야기 나누고 생각 모으기를 통해 알아본 것들을 동시 생각 모으기 활동지에 받아 적는다.
- 생각 모으기를 통해 받아 적은 동시 생각 모으기 활동지를 벽면에 부착하여 자유로이 감상하고 읊어볼 수 있도록 격려한다.

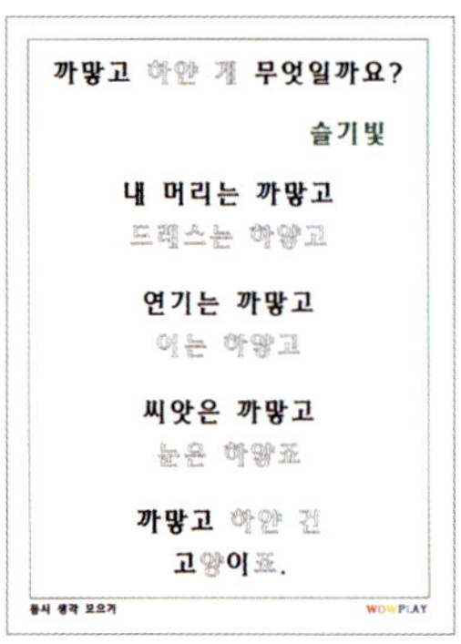

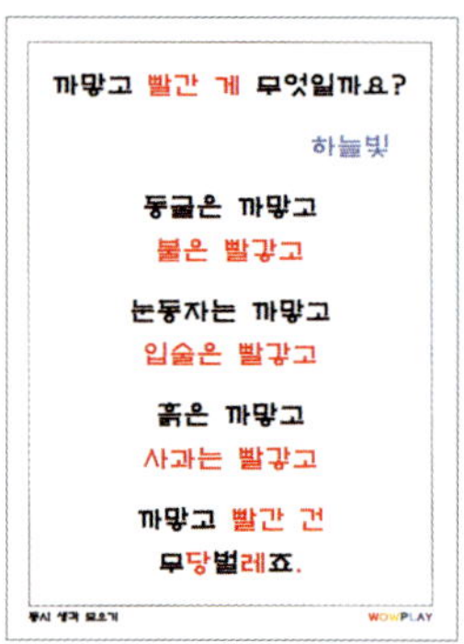

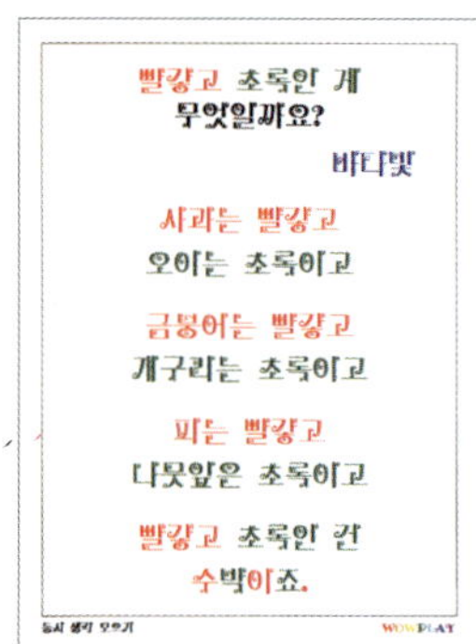

9면 동시로 꾸미는 큰 책 소개하고 생각 모으기

- 수업용 9면 동시로 꾸미는 큰 책을 소개하고 어떻게 만들고 무엇을 표현해야 하는지 이야기 나눈다.

Q. '동시' 란 무엇일까?
Q. 동시는 어떻게 짓는 것일까?
Q. 9면 큰 책을 이용하여 동시를 지어 꾸미려면 어떻게 표현할 수 있을까?

- 위에 제시된 참고도서를 중에 한 권을 선택하여 읽고 본문의 이야기 또는 이야기 구조를 바꾸어 보거나 자유로운 생각을 동시 생각 모으기 활동지에 동시를 짓는다.

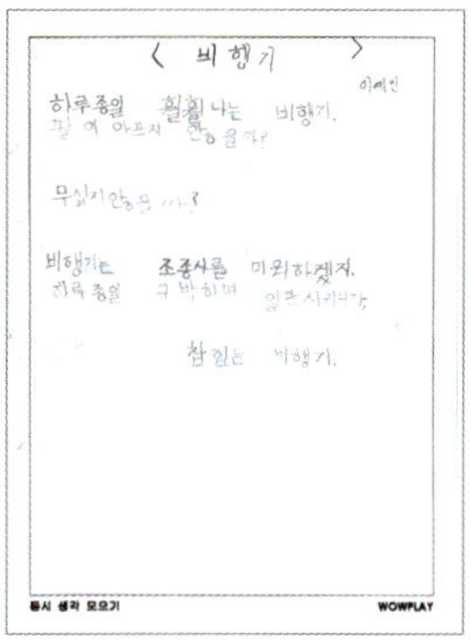
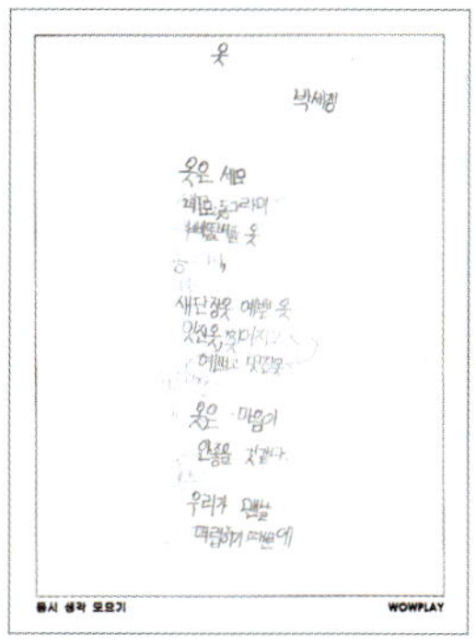
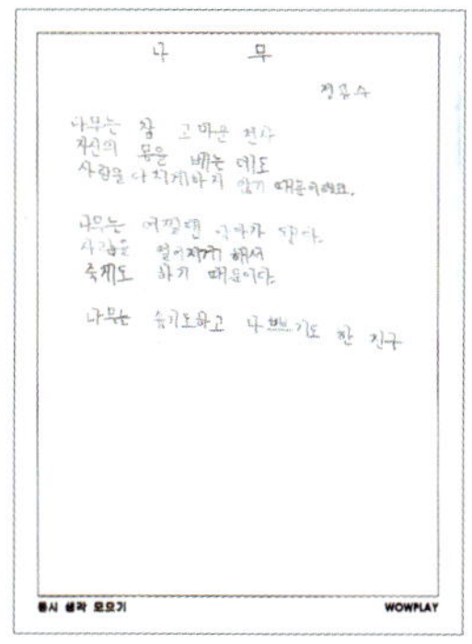

9면 동시로 꾸미는 큰 책 만들기

① 9면 큰 책 접기(72쪽 참고)

- 큰 책을 가로와 세로로 3면으로 접어서 9면 큰 책을 만든다.

② 속지 카드에 동시 쓰고 큰 책에 붙이기

- 속지 카드에 동시 생각 모으기 활동지를 참고하여 동시를 쓰고 그림을 그려 꾸민다.
- 개별적으로 동시로 꾸미는 큰 책을 완성하는 경우 동시를 지을 때마다 한 장씩 동시 카드를 큰 책에 붙인다.
- 여러 명이 동시로 꾸미는 큰 책을 완성하는 경우 각자가 꾸민 동시 카드를 큰 책의 원하는 위치에 붙인다.

③ 앞표지 꾸미기

- 동시 카드를 모두 완성하여 붙이고 난 후에 앞표지에 제목, 지은이, 출판사 명을 적는다.
- 여러 명이 함께 꾸미는 큰 책인 경우 제목과 출판사 명을 의논하여 적고 참여한 어린이들 각자가 이름을 적는다.

④ 뒤표지 꾸미기

- 동시로 꾸미는 큰 책의 본문과 앞표지 꾸미기가 끝나면 뒤표지에 펴낸 날, 펴낸이, 펴낸 곳, 정가 등을 쓰고 바코드를 그리거나 오려 붙인다.
- 판권면 라벨을 사용할 수 있다.
- 책 만들기 경험이 풍부한 어린이들을 대상으로 활동하는 경우 ISBN을 표기하도록 할 수 있다.
- ISBN 표기 방법은 『책 만들기를 통한 창의적 언어교육 I (최유경 저. WOWPLAY)』을 참고한다.

소개하기 · 감상하기

- 각자가 지은 동시를 차례로 읊거나 읊어준다.
- 운율이 아름답거나 일정한 규칙이 있는 동시를 알아본다.
- 독특하거나 재미있게 지은 동시에 대하여 알아본다.
- 친구의 동시를 이용하여 시구를 바꾸어 볼 수 있는 방법에 대하여 알아본다.
- 동시로 꾸미는 큰 책을 만들면서 어렵거나 힘들었던 점이 있었는지 이야기 나눈다.
- 교실의 한 공간을 마련하여 완성된 9면 동시로 꾸미는 큰 책을 서로 감상할 수 있도록 전시한다.

Gallery

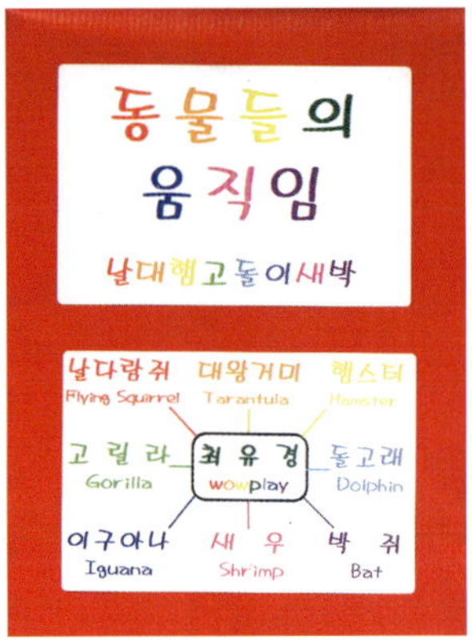

동물들의 움직임. 2004. 540㎜×390㎜.

Gallery

김찬진 · 김찬영(만 5 · 3세). 니모를 찾아서. 1080㎜×780㎜.

맛있는 과자나라

동물의 왕국. 2003. 390㎜×540㎜.
맛있는 과자나라. 2005. 540㎜×390㎜.

참고도서

- 이보나 흐미엘레프스카 그림 · 이지원 기획(2005). 생각하는 ㄱㄴㄷ. 서울 : 논장.
- 토드 파(2005). 책을 읽으면 기분이 좋아져요. 서울 : 삐아제 어린이.
- 한태희(2004). 손바닥 물고기. 서울 : 예림당.
- 박은영(1997). 준영 ㄱㄴㄷ. 서울 : 비룡소.

맛있는 과자나라 생각 모으기

Q. 직사각형 종이를 이용하여 16면을 만들어 보세요.

A.

Q. 16면 큰 책을 이용하여 할 수 있는 활동을 적어보세요.

A.

Q. 한글의 자음을 이용하여 할 수 있는 활동을 적어보세요.

A.

Q. 한글의 모음을 이용하여 큰 책을 만들려면 몇 면으로 구성할 수 있을까요?

A.

Q. 과자 외에 한글의 자모음을 이용하여 큰 책을 만들 수 있는 방법을 적어보세요.

A.

Q. 18면 또는 24면 큰 책을 만드는 방법을 적어 보세요.

A.

자료 준비하기

- 수업용 맛있는 과자나라 큰 책을 제작한다.
- 큰 책 540㎜×390㎜ 1매를 준비한다.
- 자음 라벨 3110(CD-ROM)을 Formtec Label 3110 라벨용지에 컬러 출력한다.
- 맛있는 과자나라 생각 모으기(CD-ROM)를 A4 복사용지에 출력한다.
- 판권면 라벨 3108 · 3114 · 3116(CD-ROM)을 Formtec Label 3108 · 3114 · 3116 라벨용지에 컬러 출력한다.
- 14개의 자음으로 시작하는 다양한 과자의 포장지를 준비한다.

도구 준비하기

- 연필
- 색연필
- 사인펜
- 크레파스
- 색종이
- 자음 도장
- 컬러 스탬프
- 모양 펀치
- 가위
- 풀
- 조각 종이
- 포스트잇
- 팬시라벨
- Formtec Label 3639

맛있는 과자나라. 2005. 540㎜×390㎜.

활동하기에 앞서

- 맛있는 과자나라 큰 책을 만들기 1개월 전에 가정통신문을 통해 다양한 과자 상자 또는 과자 포장지들을 모아서 원으로 보내줄 수 있도록 협조를 구한다.
- 가위 사용이 익숙한 어린이들을 대상으로 활동할 경우 과자 이름을 직접 오려서 사용할 수 있도록 하고, 가위 사용이 익숙하지 않은 어린이들을 대상으로 할 경우 수집된 과자 상자 또는 과자 포장지에서 작은 크기의 상품명을 오려서 준비해 놓는다.
- 개별적으로 맛있는 과자나라 큰 책을 완성하는데 어려움을 느끼는 경우 여러 명의 어린이들이 참여하여 공동으로 책을 완성할 수 있도록 지도한다.
- 앞표지와 판권면은 14개 자음과 관련된 쓰기 활동이 끝난 후 꾸미도록 할 수 있다.
- 자음 라벨 3110(CD-ROM)을 사용하지 않고 큰 책의 각각의 면 중앙에 Formtec Label 3639 라벨 또는 동그라미 색종이를 붙이고 그 위에 자음을 한 자씩 적도록 하거나 자음 도장을 이용하여 표현하도록 할 수 있다.
- 맛있는 과자나라 생각 모으기(CD-ROM) 활동지는 A4 용지에 출력하여 A3 크기로 확대 복사하여 사용하는 것이 적절하다.

맛있는 과자나라 큰 책 소개하고 생각 모으기

- 수업용 맛있는 과자나라 큰 책을 소개하고 어떻게 만들고 무엇을 표현해야 하는지 이야기 나눈다.

Q. 이 책은 어떻게 접어서 만든 것일까?
Q. 이 책의 이름은 무엇이라고 부를 수 있을까?
Q. 이 책은 몇 면으로 구성되어 있니?
Q. ㄱ, ㄴ, ㄷ과 같은 글자를 무엇이라고 할까?
Q. ㄱ, ㄴ, ㄷ과 같은 자음은 몇 개일까?
Q. 16면 큰 책에 14개의 자음을 한 칸씩 적고 나면 몇 면이 남을까?
Q. 2개의 남는 면은 무엇을 표현하는 면으로 활용할 수 있을까?
Q. 'ㄱ(ㄴ~ㅎ)'으로 시작하는 과자 이름을 생각하고 말해보자.
Q. 각각의 면에 표시된 자음으로 시작하는 과자 이름을 어떻게 표현할 수 있을까?
Q. 과자 포장지에 있는 상품명을 이용하여 꾸미려면 어떻게 해야 할까?

- 어린이들이 이야기하는 과자 이름을 종이 카드 또는 포스트잇에 받아 적고 교실의 적당한 공간에 자례로 붙여서 과자나라 단어 벽을 만들어 주거나 맛있는 과자나라 생각 모으기(CD-ROM) 활동지에 각각의 자음으로 시작하는 과자 이름을 생각하고 적어보도록 지도한다.

맛있는 과자나라 큰 책 만들기

① 16면 큰 책 접기

- 종이를 다음과 같이 가로와 세로로 지그재그로 접어서 16면 큰 책을 만든다.

❶ 가로와 세로로 지그재그로 접었다 펼친다.

❷ 가로로 병풍 접기를 한다.

❸ 가로로 접은 책을 다시 병풍 접기를 한다.

② 앞표지 꾸미기

- 앞표지에 제목, 지은이, 출판사 명을 적는다.
- 여러 명의 어린이들이 함께 참여하여 책을 완성하는 경우 의논하여 제목과 출판사 명만 적도록 할 수 있다.
- 본문 면을 완성하고 난 후 앞표지를 꾸미도록 할 수 있다.

③ 1면 꾸미기

- 1면에 앞표지와 같은 내용으로 제목, 지은이, 출판사 명을 적어서 속표지를 꾸민다.
- 여러 명의 어린이들이 함께 참여하여 책을 완성하는 경우 의논하여 제목과 출판사 명만 적도록 할 수 있다.

④ 자음 쓰기

- 자음 라벨 3110(CD-ROM)을 한 매씩 떼어서 2면부터 15면의 중앙에 한 장씩 붙인다.
- 자음 라벨 3110(CD-ROM)을 사용하지 않고 Formtec Label 3639 라벨 또는 동그라미 색종이를 붙이고 그 위에 자음을 한 자씩 적도록 하거나 자음 도장을 이용하여 찍어서 나타내도록 할 수 있다.

⑤ 같은 자음으로 시작하는 과자 이름 표현하기

- 생각 모으기 활동지 또는 단어 벽을 참고하여 각각의 면에 같은 자음으로 시작하는 과자 이름을 방사선 모양으로 기록하거나 과자 상자 또는 과자 포장지의 상품 이름을 오려서 붙인다.

⑥ 16면 꾸미기

- 16면에 판권면(펴낸 날, 펴낸이, 펴낸 곳, 정가, ISBN, 바코드 등)을 꾸민다.
- 여러 명의 어린이들이 참여하여 16면 큰 책을 완성한 경우 판권면을 꾸미기 보다는 함께 한 어린이들이 자신의 이름을 자유로이 적도록 할 수 있다.

⑦ 뒤표지 꾸미기

- 뒤표지에 펴낸 날, 펴낸이, 펴낸 곳, 정가 등을 쓰고 바코드를 그리거나 오려 붙인다.
- 판권면 라벨을 사용할 수 있다.
- 책 만들기 경험이 풍부한 어린이들을 대상으로 활동하는 경우 ISBN을 표기하도록 할 수 있다.
- ISBN 표기 방법은『책 만들기를 통한 창의적 언어교육 I (최유경 저. WOWPLAY)』을 참고한다.

소개하기 · 감상하기

- 같은 자음으로 시작하는 과자 이름으로 어떤 상품들을 생각하여 적었는지 소개한다.
- 가장 많은 과자 이름을 생각하거나 찾아서 표현한 책을 선정한다.
- 과자 이름 중에 가장 많은 자음은 무엇일지 생각해본다.
- 처음 듣는 과자 이름이나 재미있는 과자 이름을 알아본다.
- 맛있는 과자나라 큰 책을 만들면서 어렵거나 힘들었던 점이 있었는지 이야기 나눈다.
- 16면 큰 책을 이용하여 할 수 있는 새로운 활동에 대하여 알아본다.
- 교실의 한 공간을 마련하여 완성된 맛있는 과자나라 큰 책을 서로 감상할 수 있도록 전시한다.

Gallery

쑥쑥 크는 어린이집 친구들(만 3세). 우리 엄마가 제일 좋아요. 2003. 390㎜×540㎜.

Gallery

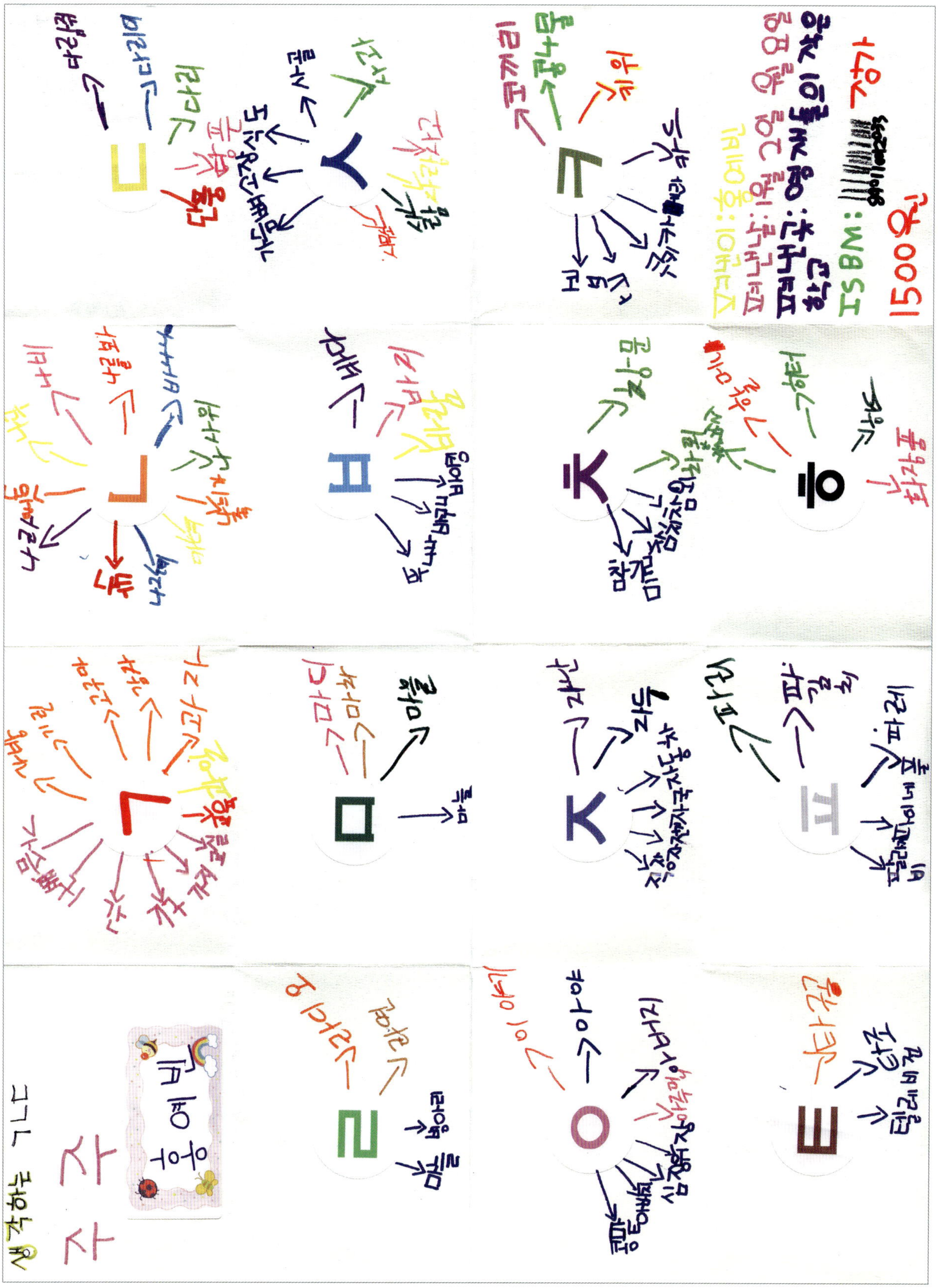

강혜민(만 6세). 생각하는 ㄱㄴㄷ. 540㎜×390㎜.

Gallery

동물의 왕국. 2003. 390㎜×540㎜.

CHAPTER 5

날개달린 책을 활용한 문해 활동

Literacy Activity through Flip Books

- 알쏭달쏭 수수께끼
- 삼행시 숨바꼭질
- 단어 입양하기
- 세어보아요

알쏭달쏭 수수께끼

재미있는 동물 세계 수수께끼. 2003. 480㎜×180㎜.

활용도서

- 크베타 파코브스카(2001). 모양 놀이. 서울 : 베틀북.

참고도서

- 볼프 에를브루흐(2004). 커다란 질문. 서울 : 베틀북.
- 존 버닝햄(2003). 내가 만약. 서울 : 비룡소.
- 김성은(2000). 까치와 소담이의 수수께끼 놀이. 서울 : 사계절.

알쏭달쏭 수수께끼 생각 모으기

Q. 종이 카드를 이용하여 날개를 만들 수 있는 방법을 적어보세요.

A.

Q. 2단 날개 달린 책을 이용하여 할 수 있는 활동을 적어보세요.

A.

Q. 수수께끼란 무엇일까요?

A.

Q. 묻고 답하기 방식의 말놀이 활동을 만들어보세요.

A.

Q. 그림책을 읽고 2단 날개 달린 책을 이용하여 할 수 있는 묻고 답하기 방식의 활동을 만들어보세요.

A.

자료 준비하기

- 수업용 알쏭달쏭 수수께끼 책을 제작한다.
- 날개책 540㎜×195㎜ 1매, 속지카드 115㎜×75㎜ 8매 또는 Formtec Label 3114 8매를 준비한다.
- 수수께끼 생각 모으기(CD-ROM)를 A4 복사용지에 출력한다.
- 판권면 라벨 3108 · 3114 · 3116(CD-ROM)을 Formtec Label 3108 · 3114 · 3116 라벨용지에 컬러 출력한다.

도구 준비하기

- 연필
- 색연필
- 사인펜

홍다빈(만 5세). 수수께끼. 270㎜×100㎜.

최문기(만 6세). 속담나라. 540㎜×195㎜.

활동하기에 앞서

- 수수께끼 책 만들기 활동은 스스로 쓰기 또는 보고 베껴 쓰기가 가능한 어린이들을 대상으로 활동하는 것이 적절하다.
- 보고 베껴 쓰기 단계에 있는 어린이들을 대상으로 활동할 경우 수수께끼 카드를 제작하거나 시중에서 판매되는 수수께끼 책 또는 수수께끼 카드를 구입하여 자유로이 보고 베껴 쓸 수 있도록 지도한다.

- 수수께끼 카드를 사용하여 놀이한 후 단어 벽과 같은 형태로 활동이 끝난 카드는 교실의 적절한 공간에 부착하여 자유로이 활용할 수 있도록 격려한다. 이때 수수께끼 카드 뒷면에 벨크로 테이프를 부착하여 벽면에 탈부착이 가능하도록 제작한다.
- 수수께끼 책을 만들기 전에 가정에서 활용하고 있는 수수께끼 책을 가져오게 한 후 차례로 수수께끼를 내고 답해보는 활동을 진행한 후 수수께끼 책을 만드는 것이 적절하다.
- 날개책의 색깔이 짙은 색인 경우 하얀색 속지 카드 또는 Formtec Label를 붙이고 수수께끼와 정답을 적도록 지도한다.

2단 날개달린 수수께끼 책 소개하고 생각 모으기

- 수업용 2단 날개달린 수수께끼 책을 소개하고 어떻게 만들고 무엇을 표현해야 하는지 이야기 나눈다.

Q. 이 책은 어떻게 접어서 만든 것일까?
Q. 이 책은 병풍책과 어떤 점이 다르니?
Q. 1면과 4면의 날개를 똑같은 높이로 자르려면 어떻게 해야 할까?
Q. 이 책의 이름은 무엇이라고 부를 수 있을까?
Q. 이 책은 몇 면으로 구성되어 있니?
Q. 2단 날개달린 책을 이용하여 무엇을 표현할 수 있을까?
Q. 2단 날개달린 책을 이용하여 수수께끼 책을 만들려면 문제와 정답을 어느 면에 어떻게 담을 수 있을까?

- 수수께끼 생각 모으기 활동지에 수수께끼 카드 또는 수수께끼 책을 참고하여 문제와 답을 적는다.

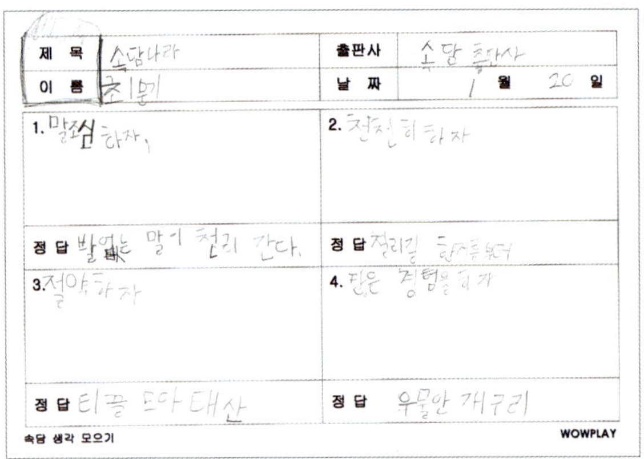

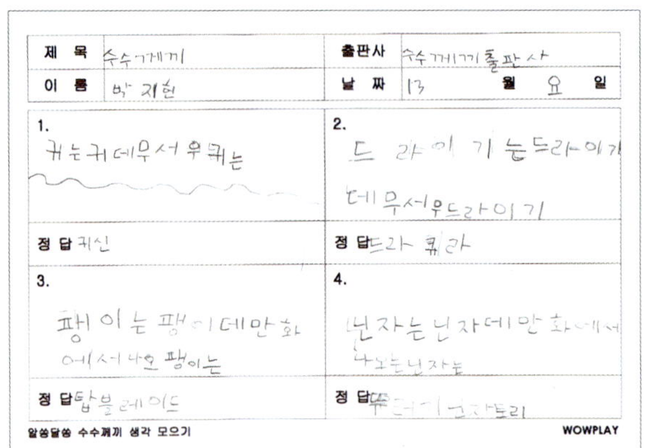

2단 날개달린 수수께끼 책 만들기

① 2단 날개달린 수수께끼 책 접기

- 종이를 다음과 같이 접고 잘라서 2단 날개달린 책을 만든다.

❶ 지그재그로 접어서 4면 병풍책을 접는다.

❷ 다시 절반으로 접어서 1면과 4면의 중간 부분을 자른다.

❸ 반으로 자른 1면과 4면을 중앙을 중심으로 마주보게 접은 후 안으로 접어 넣는다.

② 앞표지 꾸미기

- 앞표지에 제목, 지은이, 출판사 명을 적는다.
- 수수께끼와 관련하여 앞표지 그림을 그려 보도록 격려한다.

③ 수수께끼 문제 쓰기

- 4개의 날개 앞면에 수수께끼 생각 모으기 활동지를 참고하여 각각의 수수께끼를 적는다.
- 스스로 문제를 내기에 어려움을 느끼는 어린이의 경우 벽면에 부착한 수수께끼 카드에서 자유로이 수수께끼 카드를 4장씩 가져와서 보고 베껴 쓰도록 할 수 있다.

④ 수수께끼 정답 쓰기

- 4개의 날개를 열고 앞면에 적은 수수께끼에 대한 각각의 정답을 적는다.
- 정답을 표현할 때 그림과 글로 표현하도록 격려한다.

⑤ 뒤표지 꾸미기

- 뒤표지에 펴낸 날, 펴낸이, 펴낸 곳, 정가 등을 쓰고 바코드를 그리거나 오려 붙인다.
- 판권면 라벨을 사용할 수 있다.
- 책 만들기 경험이 풍부한 어린이들을 대상으로 활동하는 경우 ISBN을 표기하도록 할 수 있다.
- ISBN 표기 방법은 『책 만들기를 통한 창의적 언어교육 I (최유경 저. WOWPLAY)』을 참고한다.

소개하기 · 감상하기

- 어떤 수수께끼를 냈는지 소개하고 정답을 알아 맞추어 본다.
- 독특하거나 재미있는 수수께끼에 대하여 알아본다.
- 정답을 알아맞히기 어려운 수수께끼가 있었는지 알아본다.
- 2단 날개달린 수수께끼 책을 만들면서 어렵거나 힘들었던 점에 있었는지 이야기 나눈다.
- 2단 날개달린 책을 이용하여 어떤 활동을 할 수 있는지 알아본다.
- 교실의 한 공간을 마련하여 완성된 알쏭달쏭 수수께끼 책을 서로 감상할 수 있도록 전시한다.

Gallery

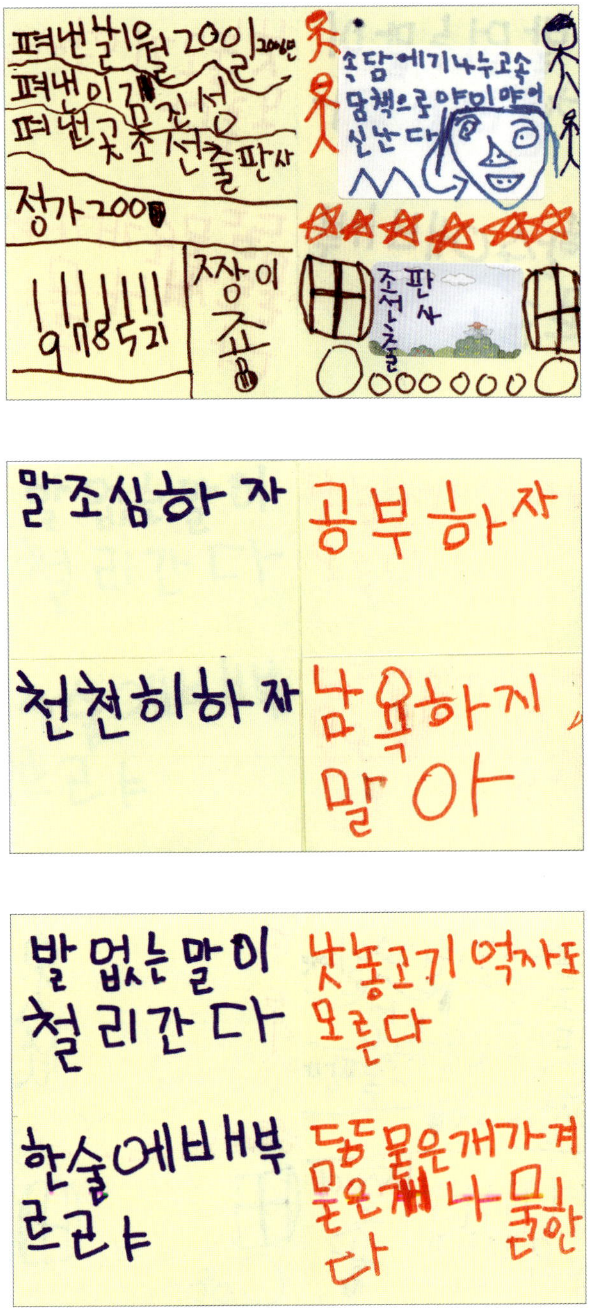

김진성(만 6세). 속담 애기 나누고 만든 이야기 신난다.
390㎜×135㎜.

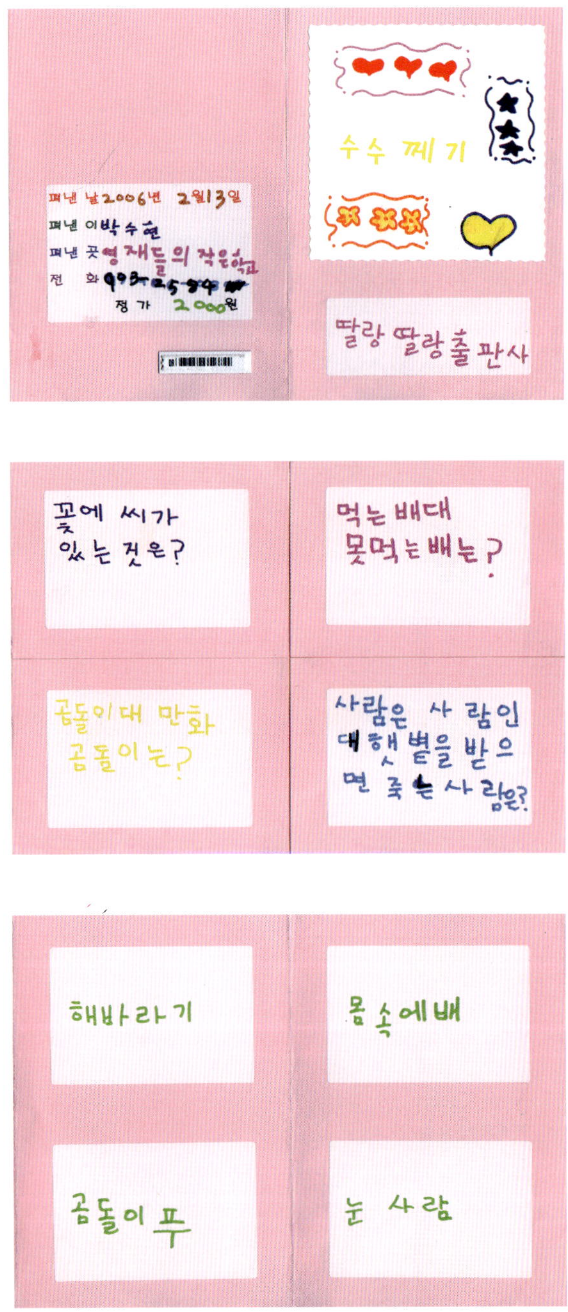

박수현(만 5세). 수수께끼. 540㎜×195㎜.

Gallery

TRUE or FALSE? 2003. 480㎜×180㎜.

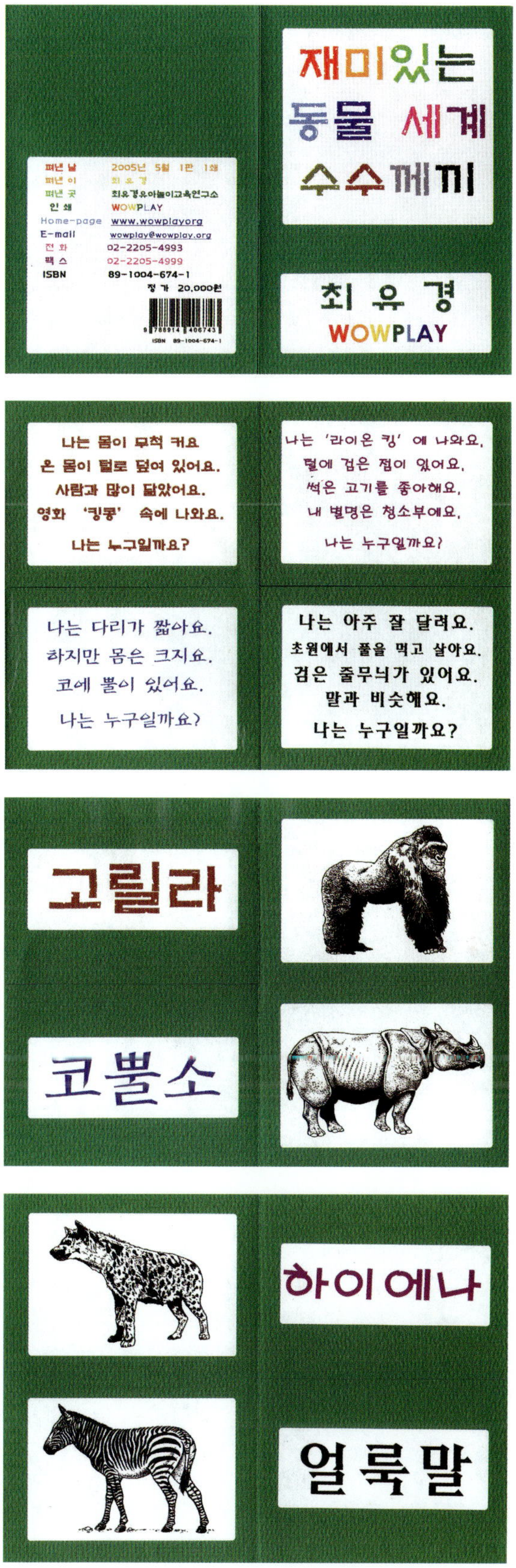

재미있는 동물 세계 수수께끼. 2003. 480㎜×180㎜.

삼행시 숨바꼭질

그림책 이야기 I . 2003. 480㎜×180㎜.

참고도서

- 박은영(1997). 준영 ㄱㄴㄷ. 서울 : 비룡소
- 박은영(1997). 기차 ㄱㄴㄷ. 서울 : 비룡소
- 허은미 구성 · 곽선영 그림(1998). 말놀이 나라 쫑쫑. 서울 : 비룡소.
- 데이빗 섀논(2003). 데이빗은 궁금해. 서울 : 지경사.

삼행시 숨바꼭질 생각 모으기

Q. 이름을 이용하여 할 수 있는 활동을 적어보세요.

A.

Q. 삼행시란 무엇일까요?

A.

Q. 이름을 이용하여 삼행시를 지어보세요.

A.

Q. 세 글자로 이루어진 낱말을 이용하여 삼행시를 지어보세요.

A.

Q. 3단 날개 달린 책을 이용하여 할 수 있는 활동을 적어보세요.

A.

Q. 그림책을 읽고 3단 날개 달린 책을 이용하여 할 수 있는 활동을 만들어보세요.

A.

자료 준비하기

■ 수업용 삼행시 숨바꼭질 책을 제작한다.
■ 날개책 540㎜×195㎜ 1매를 준비한다.
■ Formtec Label 3639를 6매를 준비한다.
■ 삼행시 생각 모으기(CD-ROM)를 A4 복사용지에 출력한다.
■ 판권면 라벨 3108 · 3114 · 3116(CD-ROM)을 Formtec Label 3108 · 3114 · 3116 라벨용지에 컬러 출력한다.

도구 준비하기

■ 연필 ■ 색연필 ■ 사인펜 ■ 크레파스 ■ 종이 카드

홍예빈(만 6세). 행복한 부부. 540㎜×195㎜.

활동하기에 앞서

■ 삼행시 책을 만들기 전에 다양한 유형의 이행시를 먼저 지어본 후 익숙해지면 삼행시 짓기를 소개한다.
예) 사 : 사랑이 가득한 신 : 신이 나게 뛰어보자.
과 : 과일 바구니 발 : 발을 쿵쿵 굴러보자.
■ 종이 카드를 준비하여 어린이들이 지은 이행시 또는 삼행시를 종이 카드에 받아 적고 단어벽과 같이 교실의 벽면에 부착해 놓는다.
■ 2단 날개 달린 책을 만들어 이행시 숨박꼭질 책을 만들어 보도록 할 수 있다.
■ 내 이름과 친구 이름을 활용하지 않고 세 글자로 이루어진 다양한 낱말을 활용하여 삼행시 짓기를 할 수 있다.
■ 이행시 짓기와 삼행시 짓기가 익숙해지면 4단 날개 달린 책이나 5단 날개달린 책을 제작하고 네 글자로 이루어진 낱

말(이구아나, 무당벌레, 지지배배, 대한민국, 붉은악마 등)이나 다섯 글자로 이루어진 낱말(너도밤나무, 고추잠자리, 서울대공원 등)을 선정하여 사행시 또는 오행시 짓기를 할 수 있도록 격려한다.

삼행시 숨바꼭질 책 소개하고 생각 모으기

- 수업용 삼행시 숨바꼭질 책을 소개하고 어떻게 만들고 무엇을 표현해야 하는지 이야기 나눈다.

Q. 이 책은 어떻게 접어서 만든 것일까?
Q. 이 책은 2단 날개달린 책과 어떤 점이 다르니?
Q. 1면과 4면을 같은 높이로 3단으로 만들려면 어떻게 잘라야 할까?
Q. 이 책의 이름은 무엇이라고 부를 수 있을까?
Q. 이 책은 몇 면으로 구성되어 있니?
Q. 3단 날개달린 책을 이용하여 무엇을 표현할 수 있을까?
Q. 3단 날개달린 책을 이용하여 삼행시 책을 만들려면 날개의 앞면과 안쪽 면을 무엇을 담아야 할까?
Q. 내 이름과 좋아하는 친구 이름으로 삼행시를 지어보자.
Q. 세 글자로 된 낱말에는 어떤 것들이 있을까?

- 이름이 아닌 세 글자로 이루어진 낱말을 이용하여 삼행시를 짓는 경우 종이 카드를 준비하여 어린이들이 지은 삼행시를 종이 카드에 받아 적고 단어벽과 같이 교실의 벽면에 부착해 놓는다.
- 삼행시 생각 모으기 활동지에 좋아하는 내 이름과 좋아하는 친구 이름 또는 세 글자로 이루어진 낱말 중에 좋아하는 낱말을 적고 삼행시를 짓는다.

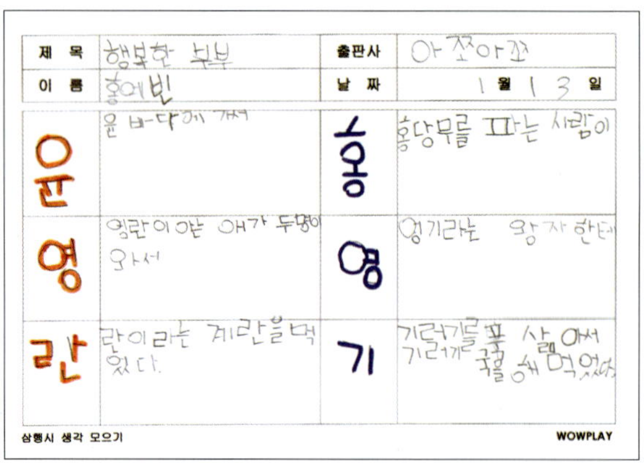

삼행시 숨바꼭질 책 만들기

① 3단 날개달린 책 접기(98쪽 참고)

- 날개책을 병풍 접기하고 1면과 4면을 3단으로 나누어 잘라서 3단 날개달린 책을 만든다.

② 앞표지 꾸미기

- 앞표지에 제목, 지은이, 출판사 명을 적는다.
- 삼행시와 관련하여 앞표지 그림을 그려 보도록 격려한다.

③ 삼행시 낱말 쓰기

- 6개의 날개 앞면에 삼행시 생각 모으기 활동지를 참고하여 각각의 세 글자 낱말을 적는다.
- Formtec Label 3639 라벨 또는 동그라미 색종이를 각각의 날개에 붙이고 그 위에 세 글자 낱말을 한 글자씩 적도록 할 수 있다.

④ 삼행시 짓기

- 6개의 날개를 열고 삼행시 생각 모으기 활동지를 참고하여 앞면에 적은 글자로 시작하는 삼행시를 적는다.
- 삼행시와 관련하여 각각의 날개에 그림을 그려 표현하도록 격려한다.

⑤ 뒤표지 꾸미기

- 뒤표지에 펴낸 날, 펴낸이, 펴낸 곳, 정가 등을 쓰고 바코드를 그리거나 오려 붙인다.
- 판권면 라벨을 사용할 수 있다.
- 책 만들기 경험이 풍부한 어린이들을 대상으로 활동하는 경우 ISBN을 표기하도록 할 수 있다.
- ISBN 표기 방법은 『책 만들기를 통한 창의적 언어교육 I (최유경 저, WOWPLAY)』을 참고한다.

소개하기 · 감상하기

- 세 글자 낱말로 어떤 낱말을 선택했는지 소개한다.
- 세 글자 낱말을 이용하여 어떤 삼행시를 지었는지 소개한다.
- 독특하거나 재미있는 삼행시에 대하여 알아본다.
- 운율이 있거나 아름답게 지은 삼행시에 대하여 알아본다.
- 친구의 삼행시를 새롭게 바꾸어 보도록 격려한다.
- 3단 날개달린 책을 만들면서 어렵거나 힘들었던 점이 있었는지 이야기 나눈다.
- 3단 날개달린 책을 이용하여 어떤 활동을 할 수 있는지 알아본다.
- 교실의 한 공간을 마련하여 완성된 삼행시 숨바꼭질 책을 서로 감상할 수 있도록 전시한다.

Gallery

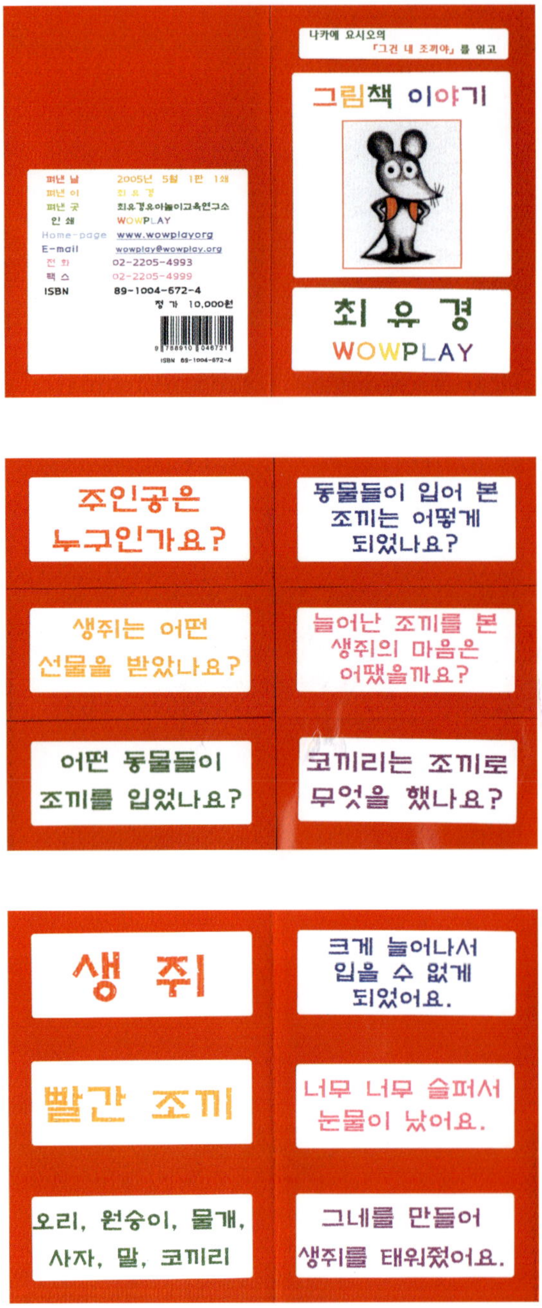

그림책 이야기Ⅰ. 480㎜×180㎜.
나카에 요시오의 『그건 내 조끼야』를 읽고.

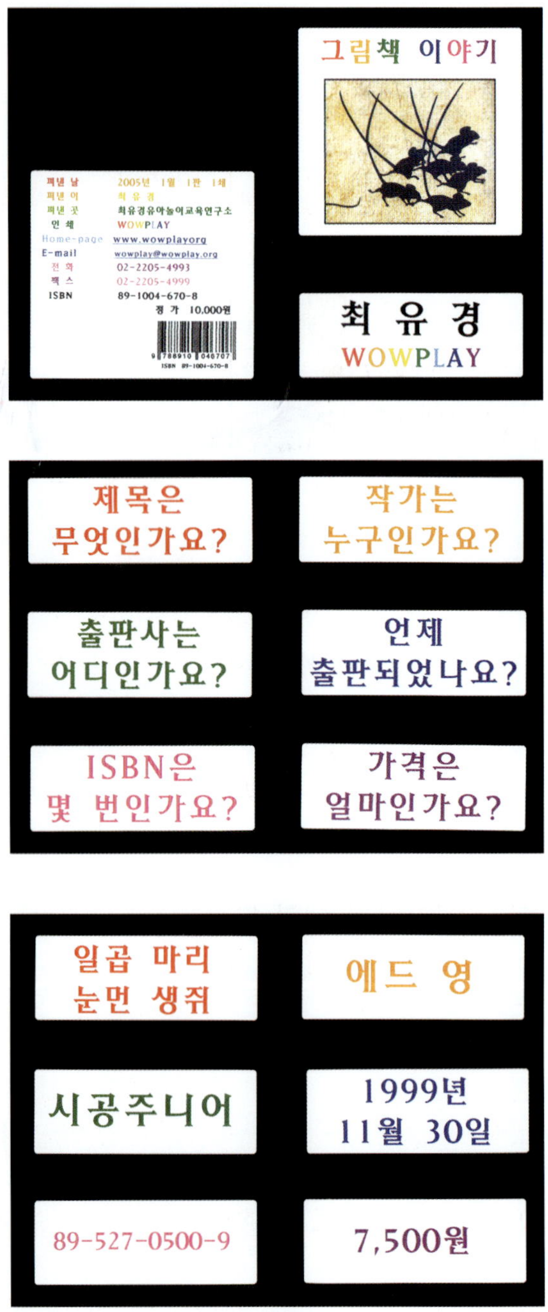

그림책 이야기Ⅱ. 480㎜×180㎜.
에드 영의 『일곱 마리 눈먼 생쥐』를 읽고.

단어 입양하기

최유경의 그림책 이야기. 2003. 480㎜×220㎜.

활용도서

- 심스 태백(2000). 옛날 옛날에 파리 한 마리를 꿀꺽 삼킨 할머니가 살았는데요. 서울 : 베틀북.
- 심스 태백(2004). 잭이 지은 집에서 도대체 무슨 일이 일어났을까? 서울 : 베틀북.
- 마르쿠스 피스터(1996). 날 좀 도와줘 무지개 물고기. 서울 : 시공주니어.

※ 단어 입양이란 : '단어 벽'에서 원하는 단어를 2개 이상 선택하여 종이 카드에 적고 선택한 단어들의 낱자들을 조합하여 새로운 단어를 만드는 활동이다.

단어 입양하기 생각 모으기

Q. 단어 입양이란 무엇일까요?

A.

Q. 단어를 입양하는 방법을 적어보세요.

A.

Q. 단어를 입양하기 위해 활용할 수 있는 자료들을 적어보세요.

A.

Q. 4단 날개 달린 책을 이용하여 할 수 있는 말놀이 활동을 적어보세요.

A.

Q. 그림책을 읽고 3단 날개 달린 책을 이용하여 할 수 있는 활동을 만들어보세요.

A.

자료 준비하기

- 수업용 단어 입양하기 책을 제작한다.
- 날개책 540㎜×195㎜ 1매를 준비한다.
- Formtec Label 3102 또는 3104를 여러 장 준비한다.
- 단어 입양 생각 모으기(CD-ROM)를 A4 복사용지에 출력한다.
- 판권면 라벨 3108 · 3114 · 3116(CD-ROM)을 Formtec Label 3108 · 3114 · 3116 라벨용지에 컬러 출력한다.

도구 준비하기

- 연필
- 색연필
- 사인펜
- 크레파스
- 종이 카드

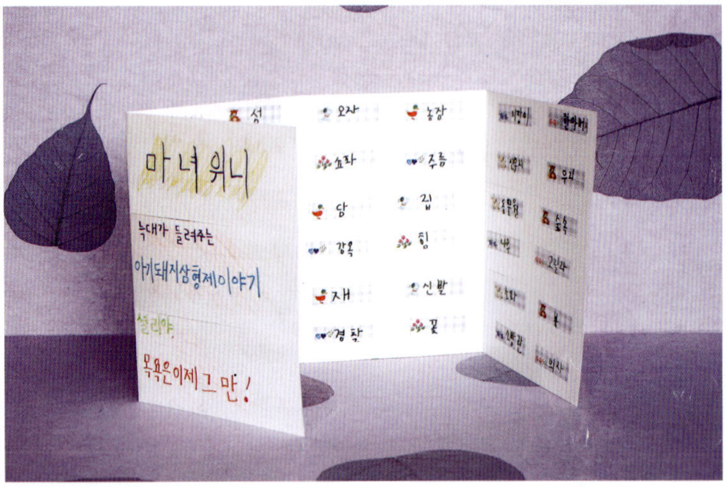

민혁기(만 7세). 말 많은 말들. 540㎜×195㎜.

활동하기에 앞서

- 단어 입양을 하기에 적합한 다양한 자료들을 준비하여 교실의 곳곳에 준비해 놓는다.
  예) 읽기 영영에 다양한 그림책 꽂아놓기, 교실에 있는 사물에 이름 카드 붙여놓기, 다양한 글자 카드를 바구니에 담아서 언어 영역에 놓기 등.
- 종이 카드를 준비하여 어린이들이 입양한 단어들을 종이 카드에 받아 적고 교실의 벽면에 부착하여 단어벽을 만든다.
- 단어입양 활동을 처음 하는 경우 한 낱말 또는 한 문장에서 단어를 입양해 보도록 지도하고 익숙해지면 두 낱말 또는 두 문장에서 단어를 입양하도록 지도한다.

무지개 물고기

무기　기지개　물개

고기　고지　물기

무지개 물고기

또또와 사과나무

무지개 사과나무　또또와 물고기

무지개 나무　또또 물고기

사과와 물고기　또또와 무지개

- 단어입양하기 활동이 익숙하지 않은 경우 4단 날개 달린 책을 활용하기 보다는 2단 또는 3단 날개 달린 책을 제작하여 활동하도록 지도한다.
- 단어입양하기 활동을 2단계로 나누어 책을 만든 어린이가 날개 앞면에 쓰고 싶은 낱말들을 적고 좋아하는 친구나 짝꿍과 서로 책을 바꾸어 입양하는 활동을 하도록 할 수 있다.
- 단어입양하기 활동에 어려움을 느끼거나 처음 활동을 진행하는 경우 단어입양 활동 이전에 좋아하는 그림책 또는 읽었던 그림책에 등장하는 단어 또는 주인공들을 찾아서 적도록 할 수 있다.

단어 입양하기 책 소개하고 생각 모으기

- 수업용 단어 입양하기 책을 소개하고 어떻게 만들고 무엇을 표현해야 하는지 이야기 나눈다.

Q. 이 책은 어떻게 접어서 만든 것일까?
Q. 이 책은 2단 또는 3단 날개달린 책과 어떤 점이 다르니?
Q. 이 책은 몇 면으로 구성되어 있니?
Q. 1면과 4면을 같은 높이로 4단으로 만들려면 어떻게 잘라야 할까?
Q. 이 책의 이름은 무엇이라고 부를 수 있을까?
Q. 4단 날개달린 책을 이용하여 무엇을 표현할 수 있을까?
Q. '무지개물고기' 그림책의 제목을 이용하여 새로운 낱말을 만들려면 어떻게 할 수 있을까?
Q. '무지개물고기' 에 들어있는 글자들로 어떤 새로운 낱말을 만들 수 있을까?
Q. 이렇게 글자들을 조합하여 새로운 낱말을 만들어 내는 활동을 무엇이라고 부를 수 있을까?
Q. 4단 날개달린 책을 이용하여 '단어 입양' 을 하려면 날개의 앞면과 안쪽 면에 무엇을 담아야 할까?
Q. '무지개물고기' 에서 단어를 입양해 보자. 어떤 낱말을 만들 수 있을까?
예) 무기, 물개, 기지개, 고지, 물기, 고개 등
Q. 종이 카드를 준비하여 어린이들이 입양한 낱말들을 종이 카드에 받아 적고 단어 벽과 같이 교실의 벽면에 부착해 놓는다.
Q. 단어입양 생각 모으기 활동지에 원하는 낱말들을 적고 '단어입양' 을 한다.

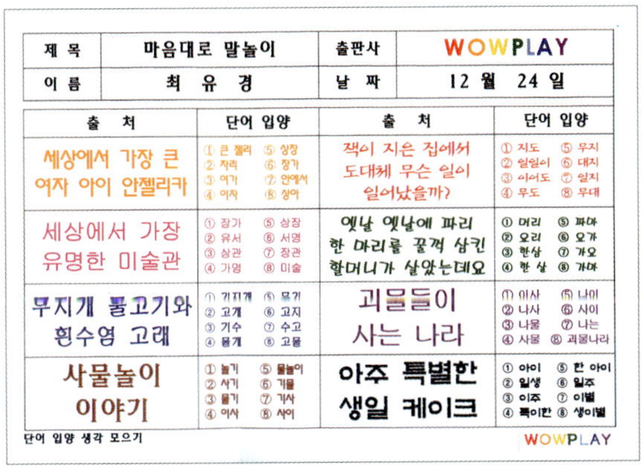

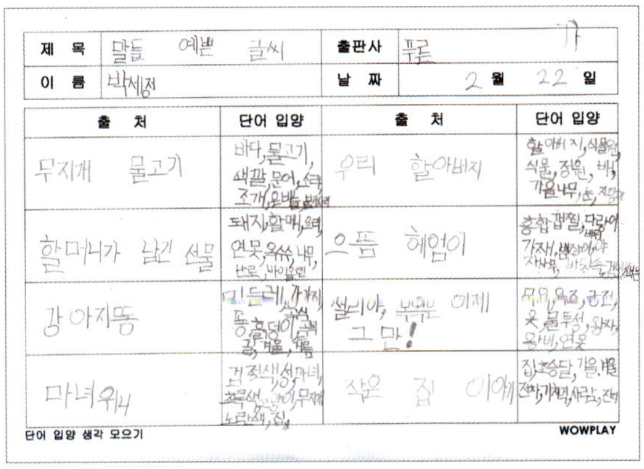

단어 입양하기 책 만들기

① 4단 날개달린 책 접기(98쪽 참고)

- 날개책을 병풍 접기하고 1면과 4면을 4단으로 나누어 잘라서 4단 날개달린 책을 만든다.

② 앞표지 꾸미기

- 앞표지에 제목, 지은이, 출판사 명을 적는다.
- 단어입양과 관련하여 앞표지 그림을 그려 보도록 격려한다.

③ 단어 빌려오기

- 8개의 날개 앞면에 단어 입양 생각 모으기 활동지를 참고하여 그림책 제목이나 문장을 적는다.

④ 단어 입양하기

- 8개의 날개를 열고 단어 입양 생각 모으기 활동지를 참고하여 앞면에 적은 그림책 제목이나 문장에서 각각의 낱자들을 조합하여 새로운 낱말을 만들어 Formtec Label 3102 또는 3104에 적어서 붙인다.
- 입양한 각각의 낱말들을 조각 종이나 팬시 라벨에 적어서 붙이도록 할 수 있다.
- 입양한 낱말을 각각의 날개에 그림으로 그려서 꾸미도록 할 수 있다.

⑤ 뒤표지 꾸미기

- 뒤표지에 펴낸 날, 펴낸이, 펴낸 곳, 정가 등을 쓰고 바코드를 그리거나 오려 붙인다.
- 판권면 라벨을 사용할 수 있다.
- 책 만들기 경험이 풍부한 어린이들을 대상으로 활동하는 경우 ISBN을 표기하도록 할 수 있다.
- ISBN 표기 방법은 『책 만들기를 통한 창의적 언어교육 I (최유경 저. WOWPLAY)』을 참고한다.

소개하기 · 감상하기

- 어떤 낱말이나 문장을 적었는지 소개한다.
- 선택한 낱말이나 문장을 이용하여 어떤 낱말을 입양했는지 소개한다.
- 독특하거나 재미있는 낱말을 입양한 책을 알아본다.
- 처음 듣거나 뜻을 모르는 낱말이 있는지 알아본다.
- 새롭게 입양할 수 있는 낱말이 있는지 알아본다.
- 4단 날개달린 책을 만들면서 어렵거나 힘들었던 점에 있었는지 이야기 나눈다.
- 4단 날개달린 책을 이용하여 할 수 있는 활동에 대하여 이야기 나눈다.
- 교실의 한 공간을 마련하여 완성된 단어 입양하기 책을 서로 감상할 수 있도록 전시한다.

Gallery

김가연(만 7세). 머리 속의 단어. 540㎜×195㎜.

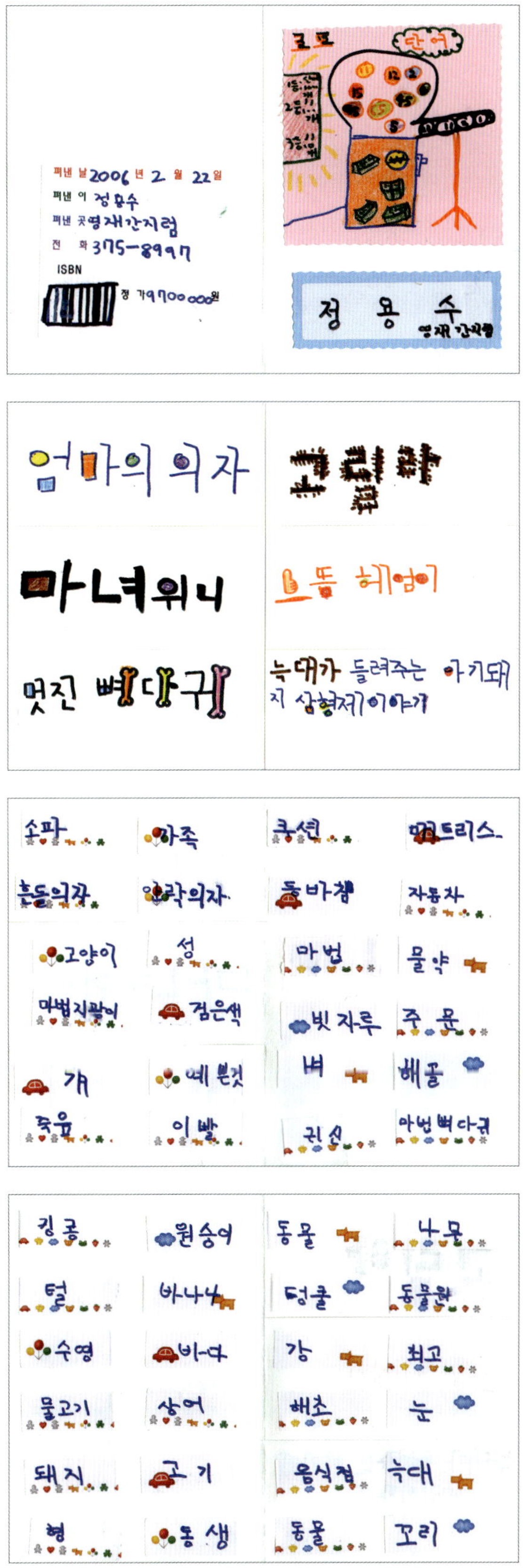

정용수(만 7세). 단어. 540㎜×195㎜.

Gallery

낱말 친구 찾아 삼만리. 2004. 480㎜×280㎜.

Gallery

최유경의 그림책 이야기. 2003. 480㎜×195㎜.

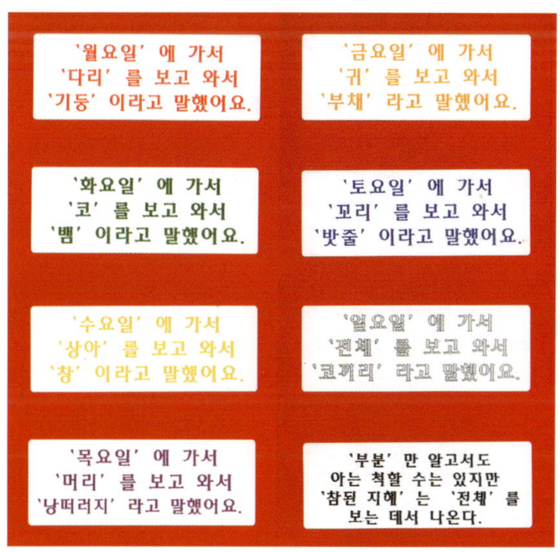

그림책 이야기Ⅲ. 2003. 480㎜×240㎜.

세어보아요

세어보아요. 2005. 640㎜×250㎜.

활용도서

- 기도 반 게네흐텐(2004). 꼭꼭 숨어라. 서울 : 한울림.
- 레오 리오니(2003). 꿈틀꿈틀 자벌레. 서울 : 파랑새어린이.
- 앤 조나스(2002). 풍덩풍덩 몇 마리가 있나요? 서울 : 아이세움.
- 한국어린이육영회(2003). 엄마랑 함께 하는 동시 그림책.

세어보아요 책 생각 모으기

Q. 다단 날개달린 책을 만들 때 유의해야 할 점은 무엇일까요?

A.

Q. 5단 날개달린 책을 이용하여 할 수 있는 활동을 적어보세요.

A.

Q. 6단 날개달린 책을 이용하여 할 수 있는 활동을 적어보세요.

A.

Q. 7단 날개달린 책을 이용하여 할 수 있는 글자놀이 활동을 적어보세요.

A.

Q. 그림책을 읽고 5단 날개 달린 책을 이용하여 할 수 있는 활동을 만들어보세요.

A.

Q. 그림책을 읽고 6단 날개 달린 책을 이용하여 할 수 있는 활동을 만들어보세요.

A.

Q. 그림책을 읽고 7단 날개 달린 책을 이용하여 할 수 있는 활동을 만들어보세요.

A.

자료 준비하기

- 수업용 세어보아요 책을 제작한다.
- 날개책 400㎜×200㎜ 1매를 준비한다.
- 숫자 라벨 3110(CD0ROM)을 Formtec Label 3110 라벨용지에 컬러 출력한다.
- 세어보아요 생각 모으기(CD-ROM)를 A4 복사용지에 출력한다.
- 판권면 라벨 3615(CD-ROM)를 Formtec Label 3615 라벨용지에 컬러 출력한다.

도구 준비하기

- 연필
- 색연필
- 사인펜
- 크레파스
- 색종이
- 모양 펀치
- 가위
- 풀
- 스티커
- 장식 재료

김경아(만 4세). 숫자 재미있어요. 400㎜×250㎜.

김시현(만 4세). ㄱㄴㄷㄹㅁㅂㅅㅇㅊㅌㅎ. 400㎜×245㎜.

활동하기에 앞서

- 숫자 라벨을 사용하지 않고 모양 종이를 붙이고 그 위에 직접 숫자를 적도록 할 수 있다.
- 숫자만큼 그림으로 그려서 표현하는데 어려움을 느끼는 경우 스티커 또는 모양 종이 등을 이용하여 숫자만큼 붙이거나 모양 도장을 이용하여 잉크를 찍어서 꾸미도록 할 수 있다.
- 어린이 스스로 균등하게 5단으로 자르기 어려워하는 경우 5단 날개달린 책을 제작하여 제공하고 꾸미도록 지도하는 것이 적절하다.

세어보아요 책 소개하고 생각 모으기

- 수업용 세어보아요 책을 소개하고 어떻게 만들고 무엇을 표현해야 하는지 이야기 나눈다.

Q. 이 책은 어떻게 접어서 만든 것일까?

Q. 이 책은 2단 날개달린 책과 어떤 점이 다르니?

Q. 1면과 4면을 같은 높이로 5단으로 만들려면 어떻게 잘라야 할까?

Q. 이 책은 몇 단으로 구성되어 있니?

Q. 이 책의 이름은 무엇이라고 부를 수 있을까?

Q. 5단 날개달린 책을 이용하여 무엇을 표현할 수 있을까?

Q. 5단 날개달린 책을 이용하여 숫자만큼 꾸미기 활동을 하려면 날개의 앞면과 안쪽 면을 어떻게 꾸밀 수 있을까?

Q. 날개 앞면에 숫자는 어떻게 표현할 수 있을까?

Q. 날개 안쪽 면에 무엇을 이용하여 숫자만큼 표현할 수 있을까?

- 세어보는 책 생각 모으기 활동지에 숫자만큼 있는 것 또는 좋아하는 것을 생각하고 간단히 표현한다.

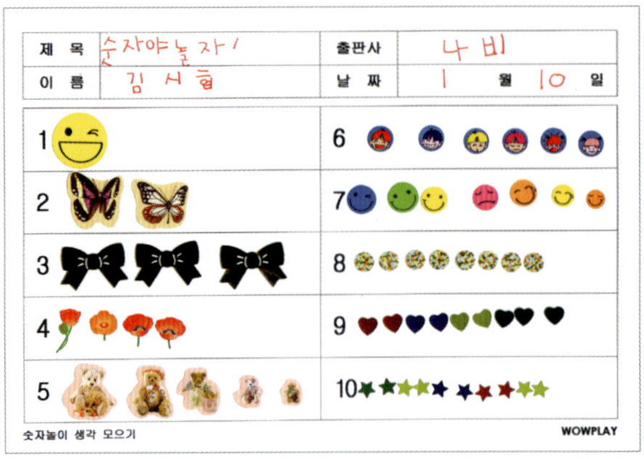

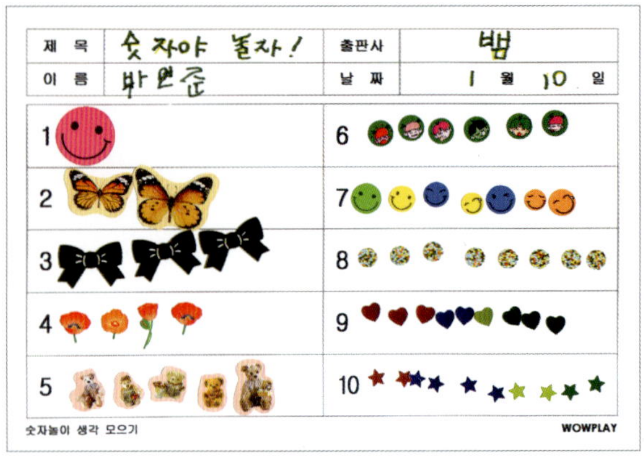

세어보아요 책 만들기

① 5단 날개달린 책 접기(98쪽 참고)

- 날개책을 병풍 접기하고 1면과 4면을 5단으로 나누어 잘라서 5단 날개달린 책을 만든다.

② 앞표지 꾸미기

- 앞표지에 제목, 지은이, 출판사 명을 적는다.
- 숫자와 관련하여 앞표지 그림을 그려 보도록 격려한다.

③ 숫자 쓰기

- 10개의 날개 앞면에 숫자 라벨을 떼어서 차례로 붙이거나 모양 종이를 붙이고 그 위에 각각의 숫자를 적는다.

④ 숫자만큼 표현하기

- 10개의 날개를 열고 몇 개일까요 생각 모으기 활동지를 참고하여 앞면에 붙이거나 적은 숫자만큼 있는 사물이나 좋아하는 것을 그림이나 다양한 재료를 이용하여 표현한다.

⑤ 뒤표지 꾸미기

- 뒤표지에 펴낸 날, 펴낸이, 펴낸 곳, 정가 등을 쓰고 바코드를 그리거나 오려 붙인다.
- 판권면 라벨을 사용할 수 있다.
- 책 만들기 경험이 풍부한 어린이들을 대상으로 활동하는 경우 ISBN을 표기하도록 할 수 있다.
- ISBN 표기 방법은『책 만들기를 통한 창의적 언어교육 I (최유경 저. WOWPLAY)』을 참고한다.

소개하기 · 감상하기

- 숫자만큼 적합하게 표현했는지 소개한다.
- 숫자만큼 있는 것으로 무엇을 표현했는지 소개한다.
- 독특하거나 아름답게 표현한 책을 선정한다.
- 5단 날개달린 책을 만들면서 어렵거나 힘들었던 점에 있었는지 이야기 나눈다.
- 5단 날개달린 책을 이용하여 할 수 있는 활동에 대하여 이야기 나눈다.
- 교실의 한 공간을 마련하여 완성된 세어보아요 책을 서로 감상할 수 있도록 전시한다.

Gallery

김경아(만 4세). 숫자 재미있어요. 400㎜×250㎜.

박연준(만 4세). 숫자랑 놀자. 400㎜×250㎜.

김가윤(만 4세). 숫자가 좋아요. 400㎜×250㎜.

Gallery

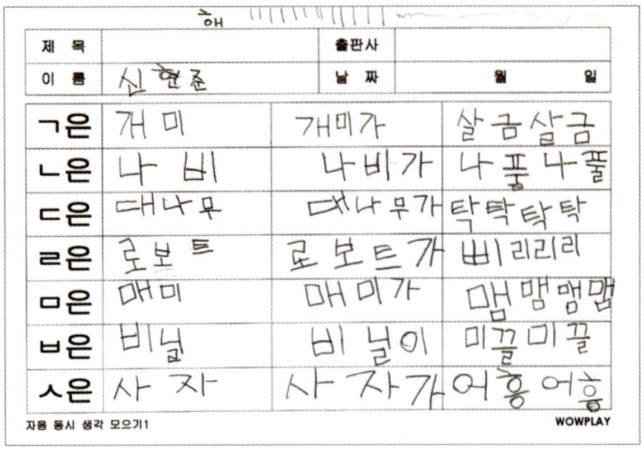

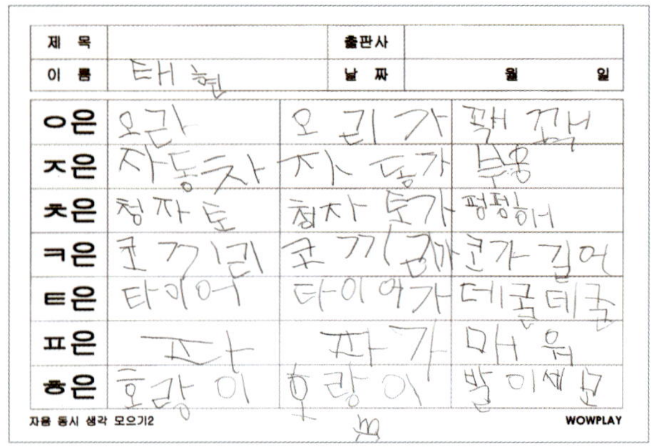

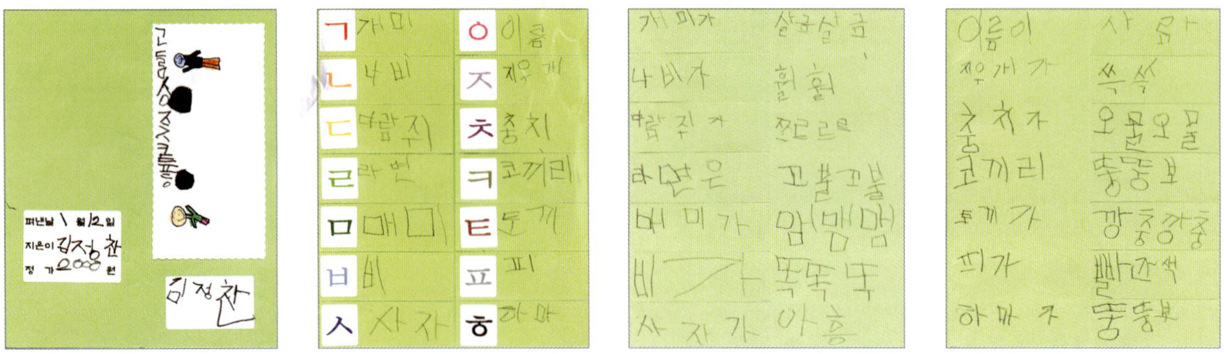

김정찬(만 4세). ㄱㄴㄷㄹㅁㅂㅅㅇㅈㅊㅋㅌㅍㅎ. 400㎜×245㎜.

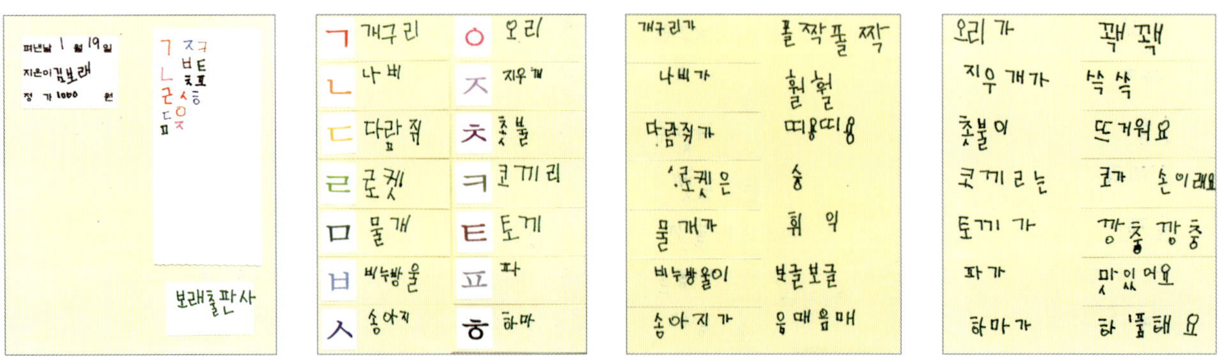

김보래(만 4세). ㄱㄴㄷㄹㅁㅂㅅㅇㅈㅊㅋㅌㅍㅎ. 400㎜×245㎜.

Gallery

세어보아요. 2005. 640㎜×250㎜.

CHAPTER 6

모양 책을 활용한 문해 활동

Literacy Activity through Shape Books

- 오페라의 유령
- 예쁜 모양을 보면
- 작가의 이야기 · 나의 이야기

오페라의 유령

사랑. 2003. 1080㎜×120㎜

모양 병풍책 생각 모으기

Q. 병풍책을 이용하여 만들 수 있는 모양을 그려보세요.

A.

Q. 병풍책을 이용하여 같은 모양을 만드는 방법을 적어보세요.

A.

Q. 삼각 병풍책을 만드는 방법을 적어보세요.

A.

Q. 육각 병풍책을 만드는 방법을 적어보세요.

A.

Q. 팔각 병풍책을 만드는 방법을 적어보세요.

A.

Q. 모양 병풍책을 만들 때 주의해야 할 점을 적어보세요.

A.

Q. 모양 병풍책을 이용하여 할 수 있는 활동을 적어보세요.

A.

Q. 모양 병풍책을 아름답게 전시하는 방법을 적어보세요.

A.

자료 준비하기

- 수업용 모양 병풍책을 제작한다.
- 모양 병풍책 540㎜×195㎜ 또는 1080㎜×195㎜ 1매를 준비한다.
- 모양 병풍책 생각 모으기(CD-ROM)를 A4 복사용지에 출력한다.
- 마분지(500g) 또는 PP필름(400mic)을 이용하여 모양 병풍책의 모양 본을 제작한다. 모양 본은 부록을 참고한다.
- 판권면 라벨 3108 · 3114 · 3116(CD-ROM)을 Formtec Label 3108 · 3114 · 3116 라벨용지에 컬러 출력한다.

도구 준비하기

- 연필
- 색연필
- 사인펜
- 크레파스
- 색종이
- 모양 펀치
- 가위
- 풀
- 스티커
- 장식 재료

현대열린어린이집 다빈치반 친구들. 오페라의 유령을 듣고. 3200㎜×135㎜.

활동하기에 앞서

- 어린이의 연령이나 활동 유형에 따라 스스로 병풍책을 오리기 어려워하는 경우에는 원하는 유형의 모양 병풍책을 만들어 제공할 수 있다.
- 모양 병풍책은 그림책, 관람한 공연, 감상한 영화 또는 음악 등의 내용에 따라 적합한 유형의 모양으로 만든다.
- 활동 내용 또는 참여하는 어린이들의 인원에 따라 모양 병풍책의 면수를 다양하게 제작할 수 있다.
- 공연이나 영화의 경우 전체 내용을 개별적으로 표현하기 어려워하는 경우 학급 전체 어린이들이 한 장면씩 이야기를 담아가거나 조별로 4~8명의 어린이들이 모여 이야기 구조를 설계하고 각자가 담당한 면을 꾸며보도록 지도한다.
- 병풍책의 모양을 정하여 활동하지 않고 어린이 스스로 원하는 모양을 만들어 보도록 할 수 있다.

모양 본 만들기

- 부록에서 사용하고자 하는 모양 본을 복사한다.
- 부록에 제시된 모양 본의 크기는 540㎜×195㎜ 크기의 종이를 사용하여 모양 병풍책을 만드는 경우에 맞게 제공된 크기이다. 따라서 사용하는 종이의 크기가 크거나 작으면 그에 맞추어 원하는 크기로 확대 또는 축소 복사하여 사용한다.
- 복사한 종이의 모양 선을 따라 자른다.
- 선을 따라 자른 모양 종이를 마분지(500g) 또는 PP 필름(400mic)에 올려놓고 유성펜을 이용하여 모양을 본뜬다.
- 모양을 본 뜬 마분지 또는 PP 필름을 선을 따라 자른다.
- 모양 본이 뾰족한 경우 어린이에게 제공하기 전에 사용 전 주의사항을 알려준다.

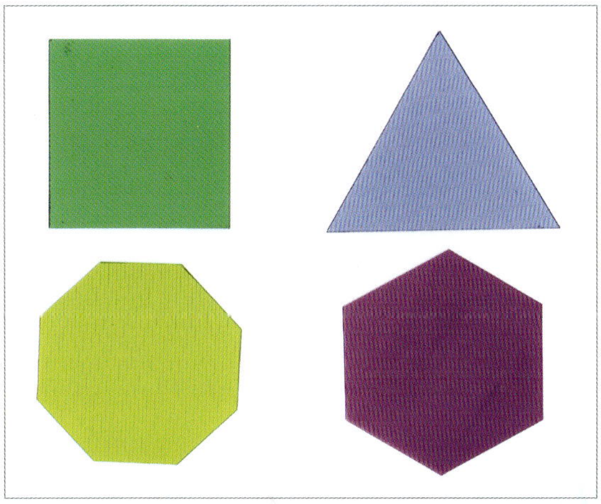

그림책 이야기 들려주기 · 공연 또는 영화 관람하기

- 활동에 따른 그림책의 이야기를 들려주거나 공연 또는 영화를 관람한다.

모양 병풍책 소개하고 생각 모으기

- 수업용 모양 병풍책 소개하고 어떻게 만들고 무엇을 표현해야 하는지 이야기 나눈다.

Q. 이 책은 병풍책과 어떤 점이 다르니?

Q. 이 병풍책은 어떤 모양처럼 보이니?

Q. 이 책의 이름은 무엇이라고 부를 수 있을까?

Q. 모양 병풍책을 만들 때 주의해야 할 점은 무엇일까?

Q. 이 모양 병풍책을 이용하여 어떤 활동을 할 수 있을까?

Q. 우리가 관람한 『오페라의 유령』 이야기를 이 모양 병풍책에 어떻게 담을 수 있을까?

- 모양 병풍책 생각 모으기 활동지에 감상한 내용을 간단히 소개한다.
- 어린이 스스로 병풍책의 모양을 그려 보도록 할 수 있다.

모양 병풍책 만들기

① 병풍책 만들기

- 병풍책 종이를 지그재그로 접어서 4면 또는 8면 병풍책을 접는다.
- 학급 전체 어린이들이 참여하여 이야기를 담는 경우 병풍책의 면수를 참여하는 인원에 따라 줄이거나 늘릴 수 있다.

② 모양 병풍책 만들기

- 병풍책을 원하는 모양으로 자른다.
- 모양 본을 이용하여 선을 따라 그리고 오리도록 하거나 가위 사용에 어려움을 느끼는 경우 모양 병풍책을 제작하여 제공할 수 있다.

❶ 모양 본을 병풍책의 각각의 면에 대고 선을 따라 그린다.

❷ 그려진 선을 따라 자른다.

③ 앞표지 꾸미기

- 앞표지에 제목, 지은이, 출판사 명을 적는다.
- 내용과 관련하여 앞표지 그림을 그려 보도록 격려한다.

④ 이야기 담기

- 모양 병풍책 생각 모으기 활동지를 참고하여 이야기를 글과 그림으로 담는다.
- 여러 명 또는 학급 전체 어린이들이 참여하여 이야기를 담는 경우 한 순서를 정하여 차례로 한 면 또는 두 면씩 계획한 이야기를 표현하고 다음 순서의 어린이에게 전달하도록 지도한다.

⑤ 뒤표지 꾸미기

- 뒤표지에 펴낸 날, 펴낸이, 펴낸 곳, 정가 등을 쓰고 바코드를 그리거나 오려 붙인다.
- 판권면 라벨을 사용할 수 있다.
- 책 만들기 경험이 풍부한 어린이들을 대상으로 활동하는 경우 ISBN을 표기하도록 할 수 있다.
- ISBN 표기 방법은 『책 만들기를 통한 창의적 언어교육 I (최유경 저. WOWPLAY)』을 참고한다.

소개하기 · 감상하기

- 어떤 모양의 병풍책을 만들었는지 소개한다.
- 모양 병풍책을 이용하여 이야기 내용을 어떻게 담았는지 소개한다.
- 모양 병풍책의 모양과 이야기 구성이 독특하거나 아름다운 작품을 선정한다.
- 모양 병풍책을 만들면서 어렵거나 힘들었던 점에 있었는지 이야기 나눈다.
- 모양 병풍책을 이용하여 어떤 활동을 할 수 있는지 알아본다.
- 교실의 한 공간을 마련하여 완성된 모양 병풍책을 서로 감상할 수 있도록 전시한다.

Gallery

현대열린어린이집 다빈치반 친구들. 오페라의 유령을 관람하고. 2003. 3200㎜×135㎜.

Gallery

김영원(만 5세). 색종이로 꾸미기. 540㎜×135㎜.

김동휘(만 5세). 내 모자 돌려줘. 540㎜×135㎜.

Gallery

정재헌(만 7세). 저주받은 도형. 540㎜×155㎜.
박경민(만 7세). 도형들의 변신. 540㎜×135㎜.
박세정(만 7세). 육각형의 친구들. 540㎜×155㎜.

Gallery

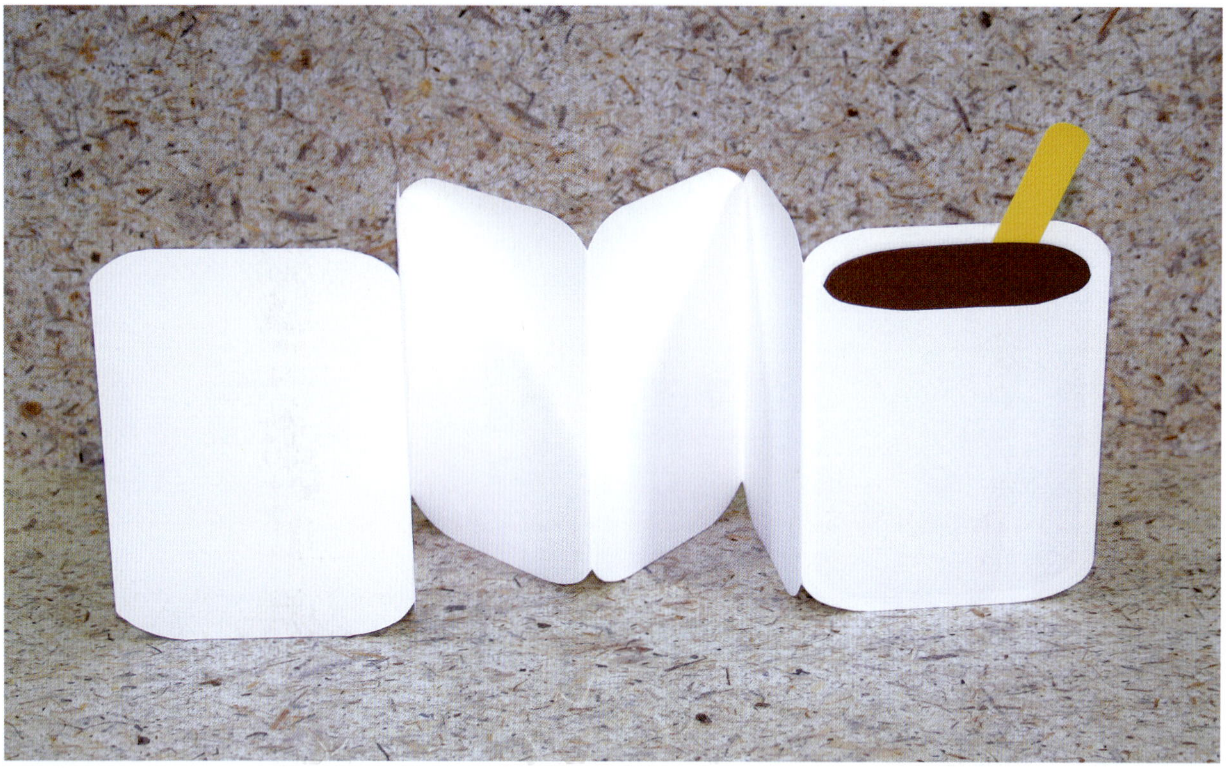

핫초코. 2003. 810㎜×120㎜

Story of Ha-ha-ha, Sad, Lucky, Angry, Happy, Oh-no & Love. 2003. 1080㎜×120㎜

예쁜 모양을 보면

아름다운 숫자나라Ⅰ·Ⅱ. 2004. 390㎜×390㎜.

활용도서

- 편집부(2003). 예쁜 모양으로 무얼 그릴까? 서울 : 중앙출판사.

참고도서

- 모니카 랑에(2004). 누구 알일까? 서울 : 네버랜드.
- 크베타 파코브스카(2001). 숫자 놀이. 서울 : 베틀북.
- 배빗 콜(1998). 말썽꾸러기를 위한 바른생활 그림책. 서울 : 보림.

예쁜 모양을 보면 생각 모으기

Q. 정사각형 종이를 이용하여 만들 수 있는 모양을 그려보세요.

A.

Q. 직사각형 종이를 이용하여 만들 수 있는 모양을 그려보세요.

A.

Q. 정십자 날개책을 만들 때 주의해야 할 점을 적어보세요.

A.

Q. 정십자 날개책을 이용하여 할 수 있는 활동들을 적어보세요.

A.

Q. 모양을 이용하여 할 수 있는 활동들을 적어보세요.

A.

자료 준비하기

- 수업용 예쁜 모양을 보며 정십자 날개책을 제작한다.
- 정십자 날개책 300㎜×300㎜ 또는 390㎜×390㎜ 1매를 준비한다.
- 모양 이야기 라벨 3623(CD-ROM)을 Formtec Label 3623에 출력한다.
- 정십자 날개책 생각 모으기(CD-ROM)를 A4 복사용지에 출력한다.
- PP 필름(400mic) 또는 마분지(500g)를 이용하여 정사각형 모양 본(100㎜×100㎜ · 130㎜×130㎜)을 제작한다.
- 판권면 라벨 3108 · 3114 · 3116(CD-ROM)을 Formtec Label 3108 · 3114 · 3116 라벨용지에 컬러 출력한다.
- 정십자 동시 카드(CD-ROM)를 A4 복사용지에 출력하고 A3 크기로 확대 복사(141%)한다.
- 사진과 같이 확대 복사 한 정십자 동시 카드의 테두리 선을 중심으로 여백 5㎜를 남겨두고 자른 뒤 여러 색깔의 색지에 붙이고 다시 여백 5㎜를 남겨두고 자른다.
- 색지에 붙여 자른 정십자 동시 카드를 라미네이팅하여 여백 5㎜를 남겨두고 자른 뒤 동시 카드의 네 모서리를 둥글게 처리하고 뒷면에 벨크로 테이프(까끌이)를 둥글게 오려 붙인다.

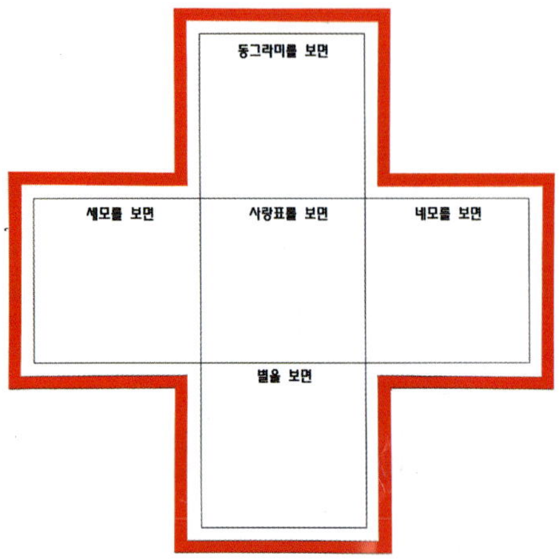

도구 준비하기

- 연필
- 색연필
- 사인펜
- 크레파스
- 색종이
- 모양 펀치
- 가위
- 풀
- 스티커
- 장식 재료

김가윤(만 3세). 모양이 좋아 좋아. 300㎜×300㎜.
박연준(만 3세). 신기한 모양. 300㎜×300㎜.

활동하기에 앞서

- 어린이 스스로 정십자 날개책을 만들기 어려워하는 경우 정십자 날개책을 제작하여 제공할 수 있다.
- 모양 이야기 라벨을 사용하지 않고 좋아하는 모양의 이름을 적고 표현하도록 할 수 있다.

동시 읊기

- 정십자 동시 카드를 융판에 붙이고 모양에 따라 생각나는 것들을 이야기해 보도록 격려한다.
- 모양에 따라 어린이들이 생각한 것들을 정십자 동시 카드에 받아 적어준다.
- 모양에 따라 생각한 것들을 받아 적은 정십자 동시 카드를 교실의 적절한 공간에 붙여주어 어린이들이 자유로이 보고 활용할 수 있도록 격려한다.

예쁜 모양을 보며 정십자 날개책 소개하고 생각 모으기

- 수업용 예쁜 모양을 보며 책을 소개하고 어떻게 만들고 무엇을 표현해야 하는지 이야기 나눈다.

Q. 이 책은 어떤 모양처럼 보이니?

Q. 네모 난 책을 펼치면 어떤 모양으로 보이니?

Q. 이 책의 이름은 무엇이라고 부를 수 있을까?

Q. 정십자 날개책을 이용하여 어떤 활동을 할 수 있을까?

Q. '모양' 동시를 읊으면서 우리가 생각한 것들을 이 정십자 날개책에 어떻게 담을 수 있을까?

- 정십자 날개책 생각 모으기 활동지에 각각의 모양을 보면 생각나는 것들을 간단히 표현한다.

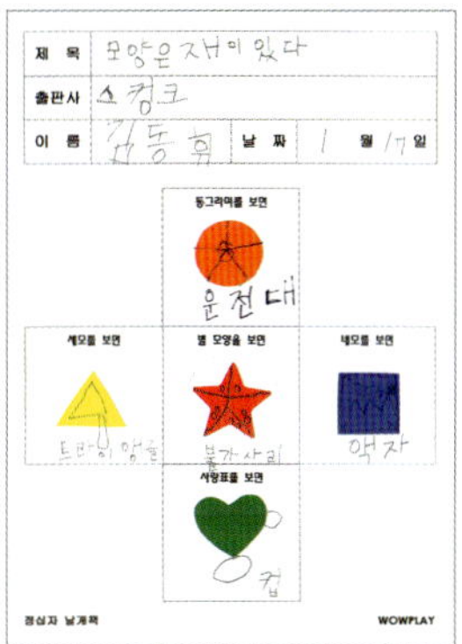
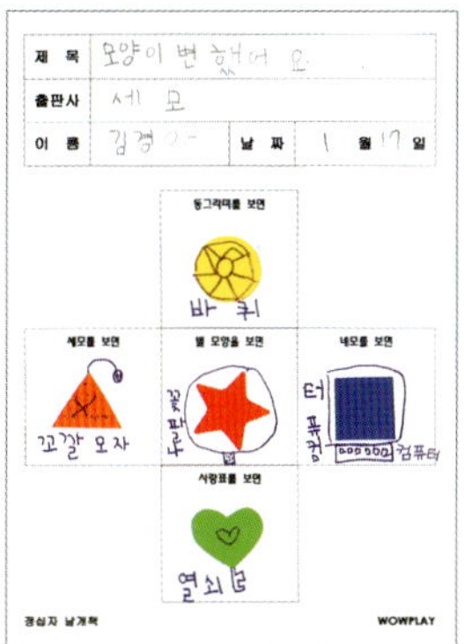

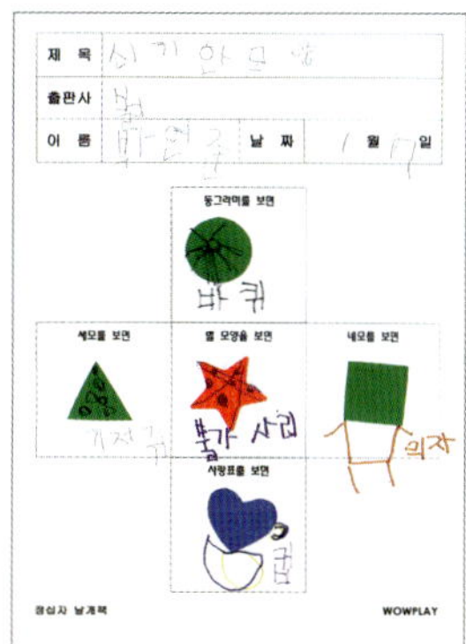

예쁜 모양을 보면 정십자 날개책 만들기

① 정십자 날개책 만들기

- 정사각형 모양 본을 제작한다. 모양 본을 제작하는 방법은 122쪽을 참고한다.
- 정사각형 종이의 네 모서리에 모양 본을 대고 선을 따라 그린 후 오려낸다.
- 가위 사용에 어려움을 느끼는 경우 정십자 날개책을 제작하여 제공할 수 있다.

❶ 모양 본을 정사각형 종이의 각 모서리에 대고 선을 따라 그린다.

❷ 그려진 선을 따라 자른다.

❸ 네 개의 날개를 중심을 향해 접는다.

■ 정십자 날개책의 네 개의 날개를 중심을 향해 접는 순서는 다음과 같다.

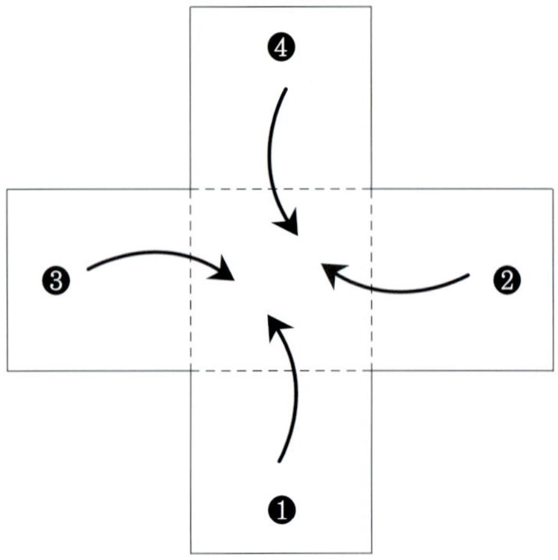

② 앞표지 꾸미기

■ 앞표지에 제목, 지은이, 출판사 명을 적는다.

■ 내용과 관련하여 앞표지 그림을 그려 보도록 격려한다.

③ 모양 이야기 라벨 붙이기

■ 모양 이야기 라벨을 각각의 날개 면에 차례로 붙인다.

■ 모양 이야기 라벨을 사용하지 않고 원하는 모양 이름을 직접 적을 수 있다.

④ 모양 이야기 담기

■ 모양 이야기 라벨 또는 적은 모양 이름에 따라 생각나는 것들을 글과 그림으로 담는다.

⑤ 뒤표지 꾸미기

■ 뒤표시에 펴낸 날, 펴낸이, 펴낸 곳, 정가 등을 쓰고 바코드를 그리거나 오려 붙인다.

■ 판권면 라벨을 사용할 수 있다.

■ 책 만들기 경험이 풍부한 어린이들을 대상으로 활동하는 경우 ISBN을 표기하도록 할 수 있다.

■ ISBN 표기 방법은 『책 만들기를 통한 창의적 언어교육 I (최유경 저. WOWPLAY)』을 참고한다.

소개하기 · 감상하기

■ 각각의 모양에 따라 무엇을 생각하고 어떻게 표현했는지 소개한다.

■ 모양에 따라 독특한 것을 생각하여 표현한 작품을 알아본다.

■ 모양에 따라 아름답게 표현한 작품을 알아본다.

■ 정십자 날개책을 만들면서 어렵거나 힘들었던 점에 있었는지 이야기 나눈다.

■ 정십자 날개책을 이용하여 할 수 있는 활동에 대하여 이야기 나눈다.

■ 교실의 한 공간을 마련하여 완성된 예쁜 모양을 보면 정십자 날개책을 서로 감상할 수 있도록 전시한다.

Gallery

김가윤(만 3세). 모양이 좋아좋아. 300㎜×300㎜.

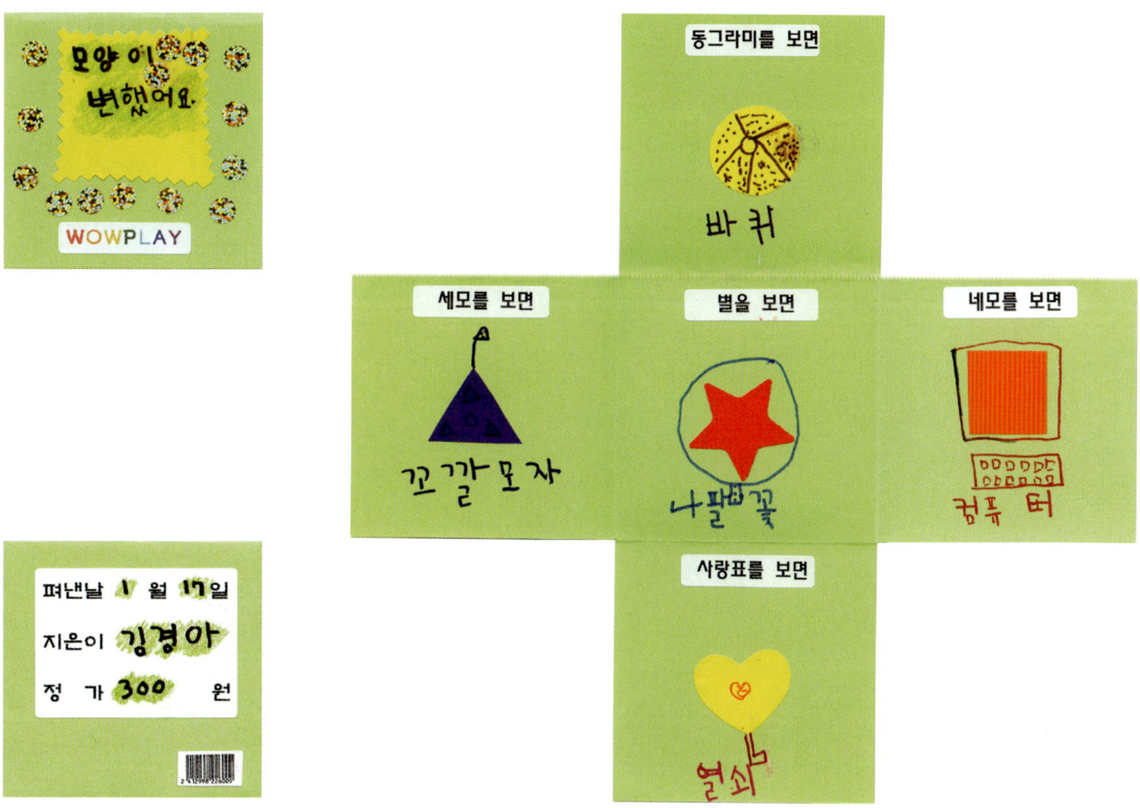

김경아(만 3세). 모양이 변했어요. 300㎜×300㎜.

Gallery

신현호(만 7세). 주님의 사랑. 390㎜×390㎜.

문민선(만 7세). 신데렐라. 390㎜×390㎜.

Gallery

아름다운 숫자 나라 I. 2004. 390㎜×390㎜.

Gallery

아름다운 숫자 나라Ⅱ. 2004. 390㎜×390㎜.

작가의 이야기 · 나의 이야기

별이 빛나는 공간. 2003. 600㎜×600㎜ · 300㎜×300㎜.

활용도서

- 마르쿠스 피스터(2001). 마쯔와 신기한 돌. 서울 : 시공주니어.

활용도서

- 마르쿠스 피스터(2000). 마쯔와 신비한 섬. 서울 : 시공주니어.
- 한유민(2003). 난 북치는 게 좋아! 난 노래하는 게 좋아. 서울 : 비룡소.
- 앤 조나스(2005). 바로 또 거꾸로. 서울 : 비룡소.
- 존 셰스카(1996). 늑대가 들려주는 아기 돼지 삼형제 이야기. 서울 : 보림.

작가의 이야기 · 나의 이야기 생각 모으기

Q. 정삼각형을 만드는 방법을 적어보세요.

A.

Q. 정삼각 날개책을 이용하여 할 수 있는 활동을 적어보세요.

A.

Q. 정삼각 날개책의 본문을 구성하는 방법을 적어보세요.

A.

Q. 책의 원래 이야기는 바꾸는 방법에 대하여 적어보세요.

A.

Q. 양면으로 진행하는 책을 만드는 방법을 적어보세요.

A.

자료 준비하기

- 수업용 작가의 이야기 · 나의 이야기책을 제작한다.
- 정삼각 날개책 390㎜×390㎜ 2매, 속지카드 110㎜×110㎜ 10매를 준비한다.
- 이야기 바꾸기 생각 모으기(CD-ROM)를 A4 복사용지에 출력한다.
- 마분지(500g) 또는 PP 필름(400mic)을 이용하여 정삼각형 모양 본(390㎜×390㎜)을 제작한다.
  정삼각형 모양 본은 부록의 정삼각형 모양을 4개 연결하여 만든다(140쪽 참조).
- 판권면 라벨 3108 · 3114 · 3116(CD-ROM)을 Formtec Label 3108 · 3114 · 3116 라벨용지에 컬러 출력한다.

도구 준비하기

- 연필
- 색연필
- 사인펜
- 크레파스
- 삼각자
- 각도기
- 자
- 가위
- 풀
- 정삼각형 모양 본(390㎜×390㎜)

남준영(만 5세). 마쯔와 신기한 돌 · 마쯔와 신기한 섬. 390㎜×390㎜.
작자 미상. 입이 큰 개구리 · 방귀를 잘 뀌는 개구리. 390㎜×390㎜.

활동하기에 앞서

- 정삼각 날개책을 만들기 어려운 경우 정사각 병풍책을 만들어 활동할 수 있다.
- 어린이 스스로 종이를 정삼각형 모양으로 자르기 어려운 경우 정삼각형 모양 종이를 제공하는 것이 적절하다.
- 연령이 높은 어린이들을 대상으로 활동하는 경우 정삼각형 모양 본을 제공하고 스스로 모양을 그리고 오려서 정삼각 날개책을 만들도록 지도한다.
- 작가의 이야기와 나의 이야기는 하루에 완성하기 보다는 4일에 걸쳐 다음과 같이 진행하는 것이 적절하다.
  예) 첫 날 : 그림책의 이야기를 듣고 생각 모으기 활동지에 작가의 원래 이야기를 간단히 적는다.
  예) 둘째 날 : 양면 정삼각 날개책을 만들고 앞쪽 정삼각 날개책에 생각 모으기 활동지를 참고하여 작가의 원래 이야기를 글과 그림으로 표현한다.
  예) 셋째 날 : 생각 모으기 활동지에 적고 내가 작가가 되어 이야기의 구조 또는 내용을 새롭게 바꾸어 표현한다.
  예) 넷째 날 : 양면 정삼각 날개책의 뒤쪽에 생각 모으기 활동지를 참고하여 내가 작가가 되어 새롭게 꾸민 이야기를 글과 그림으로 표현하고 어떻게 꾸몄는지 소개한다.
- 어린이의 발달 수준에 따라 처음 활동하는 경우 양면 정삼각 날개책을 만들기 보다는 한 권의 정삼각 날개책을 만들어 이야기를 각색하는 활동을 진행하고 이후에 두 권의 정삼각 날개책을 만들어 작가의 이야기와 나의 이야기를 담는 활동으로 진행하는 것이 적절하다.
- 양면 정삼각 날개책을 만드는 경우 뒤표지가 없으므로 판권면을 표현하지 않는다.
- 정삼각 날개책의 색깔이 짙은 색인 경우 하얀색 속지 카드를 사용한다.

그림책 이야기 들려주기

- 그림책을 소개하고 이야기를 들려준다.
- 그림책의 이야기를 다 들려준 후 책의 앞표지부터 한 장씩 넘겨가며 이야기에 대한 생각을 모은다.

Q. 이 책의 제목은 무엇이니?
Q. 이 책의 주인공은 누구이니?
Q. 마쯔에게 어떤 일이 일어났니?
Q. 마쯔는 주운 돌로 무엇을 했니?
Q. 신기한 돌 때문에 어떤 일이 일어났니?
Q. 내가 이 책의 작가라면 이야기의 어떤 부분을 어떻게 바꾸고 싶니?
Q. 주인공을 바꾼다면 누구로 하고 싶니?
Q. 주인공이 주운 물건을 바꾼다면 무엇으로 하고 싶니?
Q. 주인공이 겪었던 이야기를 바꾼다면 어떻게 바꾸고 싶니?

작가의 이야기 · 나의 이야기책 소개하고 생각 모으기

- 수업용 작가의 이야기 · 나의 이야기책을 소개하고 어떻게 만들고 무엇을 표현해야 하는지 이야기 나눈다.

Q. 우리가 알고 있는 책은 어떤 모양이니?
Q. 네모 모양이 아닌 다른 모양으로 책을 만들 수 있을까?
Q. 어떤 모양으로 책을 만들 수 있을까?
Q. 이 책은 어떤 모양이니?
Q. 삼각형 모양으로 만든 책의 안쪽은 어떻게 생겼을까?
Q. 이 책은 어떻게 접어서 만든 것일까?
Q. 이 책은 몇 면으로 구성되어 있니?
Q. 이 책은 어떤 점이 특이하니?
Q. 왜 똑같은 모양의 책이 앞 · 뒤로 붙어있는 것일까?
Q. 이 책의 이름은 무엇이라고 부를 수 있을까?
Q. 두 개의 정삼각 날개책에 어떤 이야기를 담을 수 있을까?
Q. 앞 쪽의 정삼각 날개책에 그림책을 만든 작가의 이야기를 어떻게 담을 수 있을까?
Q. 뒤 쪽의 정삼각 날개책에는 어떤 이야기를 담을 수 있을까?
Q. 작가의 원래 이야기를 어떻게 바꿀 수 있을까?
Q. 주인공을 바꾸어 이야기를 만들면 어떻게 될까?
Q. 주인공이 주운 물건을 바꾸어 이야기를 만들면 어떻게 될까?
Q. 주인공이 주운 물건으로 겪었던 이야기를 바꾸면 어떻게 될까?

- 이야기 바꾸기 생각 모으기(CD-ROM) 활동지에 작가의 이야기를 간단히 정리하여 담고 작가의 이야기를 나의 이야기로 무엇을 어떻게 바꾸고 싶은지 생각하고 적어보도록 지도한다.

작가의 이야기 · 나의 이야기책 만들기

① 정삼각형 종이 만들기

- 정삼각형 모양 본(390㎜×390㎜)을 제작한다. 부록의 정삼각형 모양 본(130㎜×130㎜) 4개를 연결하여 제작한다(140쪽 참조).
- 모양 본 이외에 삼각자나 각도기를 이용하여 정삼각형 모양본을 만들 수 있다.
- 모양 본을 이용하여 정삼각형 종이를 두 장 제작한다.
- 이때 두 장의 종이 색깔을 다르게 준비하여 만든다.

② 양면 정삼각 날개책 만들기

- 정삼각 날개책의 세 개의 날개를 중심을 향해 그림과 같은 순서로 점선을 따라 접어서 2권의 정삼각 날개책을 만든다.
- 점선을 따라 접은 정삼각 날개책 뒷면에 풀칠하고 나머지 한 권의 정삼각 날개책 뒷면을 맞붙인다.

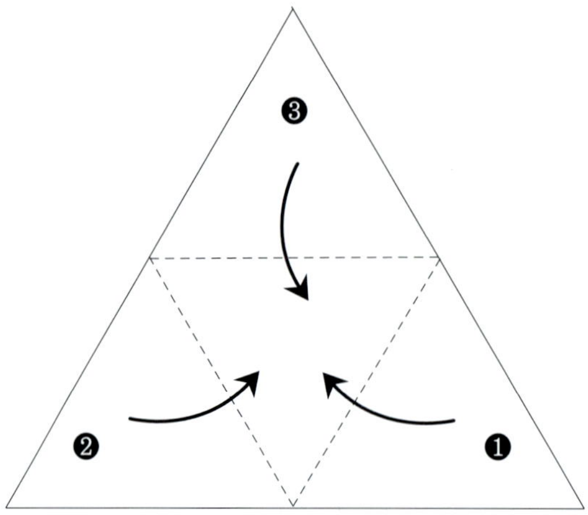

③ 작가의 이야기 앞표지 꾸미기

- 앞표지에 제목, 지은이, 출판사 명을 적는다.
- 내용과 관련하여 앞표지 그림을 그려 보도록 격려한다.

④ 작가의 이야기 표현하기

- 생각 모으기 활동지를 참고하여 그림책의 이야기를 각각의 면에 글과 그림으로 표현한다.

⑤ 나의 이야기 앞표지 꾸미기

- 앞표지에 제목, 지은이, 출판사 명을 적는다.
- 내용과 관련하여 앞표지 그림을 그려 보도록 격려한다.

⑥ 나의 이야기 표현하기

- 생각 모으기 활동지를 참고하여 내가 작가라면 그림책의 이야기를 바꾸고 싶은 내용으로 각각의 면에 글과 그림으로 표현한다.

소개하기 · 감상하기

- 작가의 이야기를 적절하게 표현한 책을 알아본다.
- 나의 이야기를 통해 원래 이야기를 어떻게 바꾸었는지 소개한다.
- 나의 이야기를 재미있거나 독특하게 지은 책을 선정한다.
- 작가의 원래 이야기를 나의 이야기로 바꾸면서 느낀 점에 대하여 이야기 나눈다.
- 양면 정삼각 날개책을 이용하여 할 수 있는 새로운 활동에 대하여 이야기 나눈다.
- 양면 정삼각 날개책을 만들면서 어렵거나 힘들었던 점이 있었는지 이야기 나눈다.
- 교실의 한 공간을 마련하여 완성된 작가의 이야기 · 나의 이야기책을 서로 감상할 수 있도록 전시한다.

Gallery

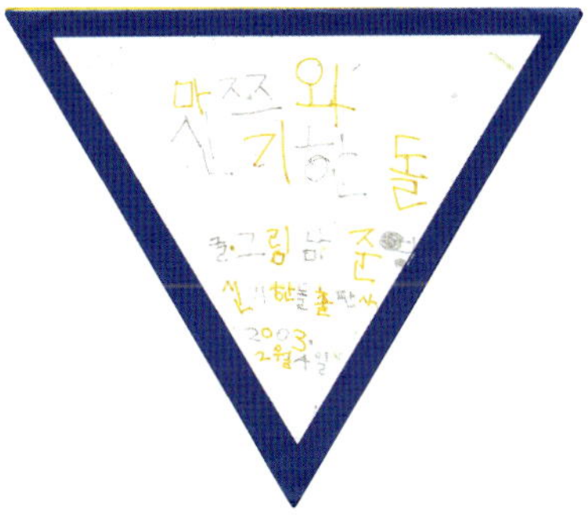

앞표지1

작가의 이야기

앞표지2

나의 이야기

남준영(만 5세). 마쯔와 신기한 돌 1 · 2. 390㎜×390㎜.

Gallery

앞표지1

작가의 이야기

앞표지2

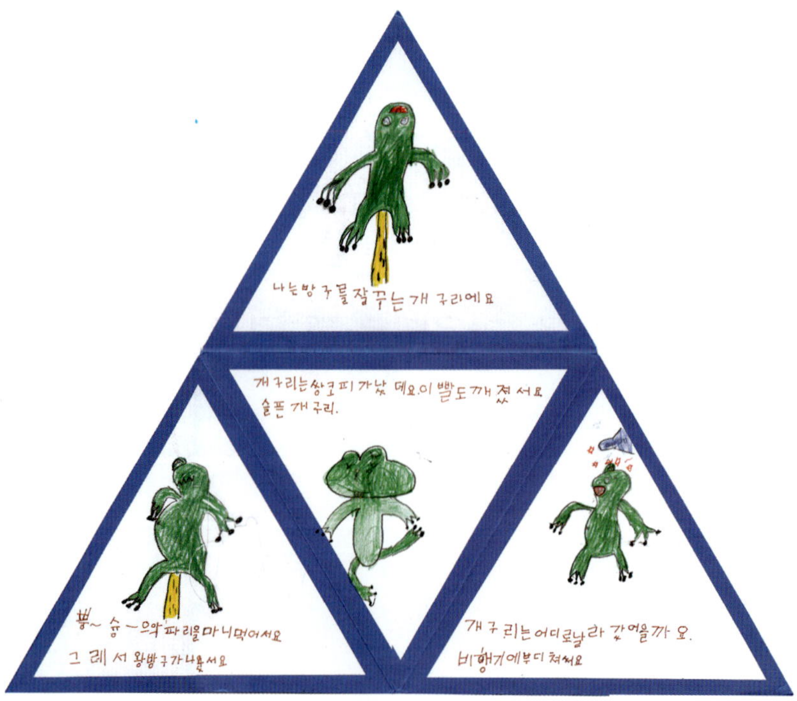

나의 이야기

작자 미상. 입이 큰 개구리 · 방귀를 잘 뀌는 개구리. 390㎜×390㎜.

CHAPTER 7

십자 날개 책을 활용한 문해 활동

Literacy Activity through Cross Folding Books

- 아름다운 전람회
- 모양으로 그리는 세상
- 우리 가족 마음대로 똥 떡 이야기

아름다운 전람회

무지개 동물나라. 2002. 540㎜×390㎜.

활용도서

- 편집부(2003). 예쁜 모양으로 무얼 그릴까? 서울 : 중앙출판사.

참고도서

- 에드 엠벌리(2000). 조각 종이로 꾸미는 세상 1. 서울 : 고슴도치.
- 에드 엠벌리(2000). 조각 종이로 꾸미는 세상 2. 서울 : 고슴도치.
- 에드 엠벌리(2005). 알록달록 손도장으로 상상력 키우기. 서울 : 고슴도치.

아름다운 전람회 생각 모으기

Q. 십자 날개책을 이용하여 할 수 있는 활동을 적어보세요.

A.

Q. 십자 날개책을 이용하여 8면으로 구성하는 방법에 대하여 적어보세요.

A.

Q. 십자 날개책을 이용하여 6면으로 구성하는 방법에 대하여 적어보세요.

A.

Q. 십자 날개책에 담을 수 있는 조형미술 활동을 적어보세요.

A.

Q. 조형미술 활동과 언어활동을 통합할 수 있는 방법에 대하여 적어보세요.

A.

Q. 십자 날개책을 전시하는 방법에 대하여 적어보세요.

A.

자료 준비하기

- 수업용 아름다운 전람회 책을 제작한다.
- 십자 날개책 540㎜×390㎜ 1매, 속지카드 115㎜×175㎜ 8매를 준비한다.
- 조각 종이로 꾸미는 세상 생각 모으기(CD-ROM)를 A4 복사용지에 출력한다.

도구 준비하기

- 연필
- 색연필
- 사인펜
- 크레파스
- 색종이
- 모양 펀치
- 가위
- 풀
- 물감
- 본드
- 본드판
- 면봉
- 스티커
- 장식 재료
- 끈

수원여자대학부속어린이집 슬기반 친구들. 모양나라 친구들. 540㎜×390㎜.

활동하기에 앞서

- 아름다운 전람회 책은 조형미술 활동을 중심으로 표현하는 책으로 앞표지와 뒤표지를 만들지 않는다.
- 학급 전체 어린이들이 참여하여 한 면씩 표현하고 끈을 달아 천장에 모빌처럼 매달아 전시하거나 적절한 위치의 선반에 펼쳐 올려놓을 수 있다.
- 에드 엠벌리의 『조각종이로 꾸미는 세상 1 · 2』 외에 모양을 주제로 하는 다양한 그림책을 읽고 활동할 수 있다.
- 활동에 참여하는 어린이의 연령에 따라 다양한 색깔과 크기의 동그라미, 세모, 네모, 반원, 부채꼴 등의 색종이를 제공하거나 어린이 스스로 다양한 색깔의 색종이를 원하는 모양과 크기로 오려서 표현하도록 할 수 있다.
- 색종이를 사용하지 않고 직접 모양을 이용하여 그림을 그리거나 다양한 재료를 이용하여 표현하도록 할 수 있다.
- 속지 카드에 모양 색종이를 이용하여 꾸민 후 여백에 팬시 라벨을 붙이고 라벨에 이름과 작품 제목을 적도록 할 수 있다.
- 공동으로 활동하여 책을 완성하는 경우 십자 날개책은 교사가 접어서 제공하고 개별적으로 아름다운 전람회 책을 만드는 경우 개별적으로 접도록 지도한다.

그림책 이야기 들려주기

- 그림책을 소개하고 그림을 보며 이야기를 나눈다.
- 그림책의 이야기를 다 들려준 후 책의 앞표지부터 한 장씩 넘겨가며 이야기에 대한 생각을 모은다.

Q. 이 책은 무엇으로 꾸며졌을까?
Q. 동그라미, 세모, 네모 모양으로 무엇을 나타냈을까?
Q. 동그라미, 세모, 네모 모양으로 무엇을 만들 수 있을까?
Q. 동그라미, 세모, 네모 모양으로 무엇을 만들고 싶니?
Q. 동그라미, 세모, 네모 모양 을 이용하여 어떤 모양을 만들 수 있을까?
Q. 동그라미, 세모, 네모 모양을 오려서 만들 수 있는 새로운 모양에는 무엇이 있을까?

아름다운 전람회 책 소개하고 생각 모으기

- 수업용 아름다운 전람회 책을 소개하고 어떻게 만들고 무엇을 표현해야 하는지 이야기 나눈다.

Q. 이 책은 어떤 모양이니?
Q. 이 책은 어떻게 접어서 만든 것일까?
Q. 이 책은 몇 면으로 구성되어 있니?
Q. 이 책은 어떤 점이 특이하니?
Q. 이 책은 왜 펼쳐져 있는 것일까?
Q. 이 책에 모양 색종이를 이용하여 어떤 활동을 할 수 있을까?
Q. 이 책은 어떻게 전시할 수 있을까?
Q. 이 책의 모든 면을 여러 명이 동시에 볼 수 있도록 전시할 수 있는 방법은 무엇일까?

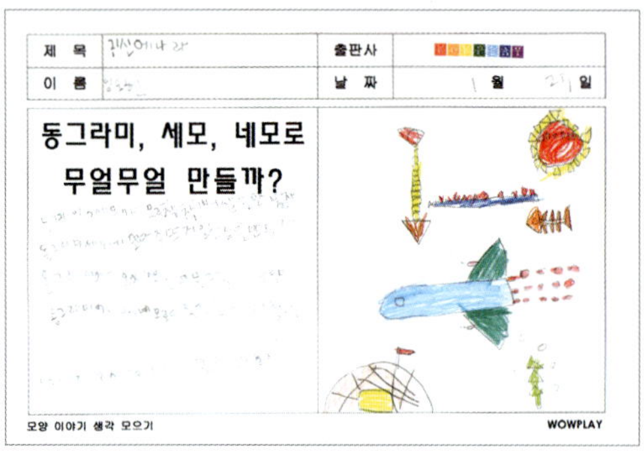

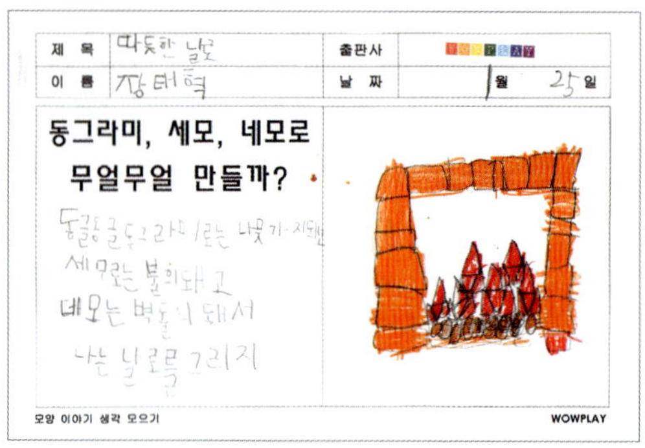

아름다운 전람회 책 만들기

① 십자 날개책 만들기

- 십자 날개책 종이를 사진과 같이 접어서 8면 십자 날개책을 만든다.

❶ 종이를 가로와 세로로 병풍 접기 하여 8면을 만든다.

❷ 세로로 2등분하여 접은 후, 접은 면의 중심선을 따라 한 면만 자른다.

❸ 중심선을 자른 종이를 펼쳐서 가로로 2등분하여 접는다.

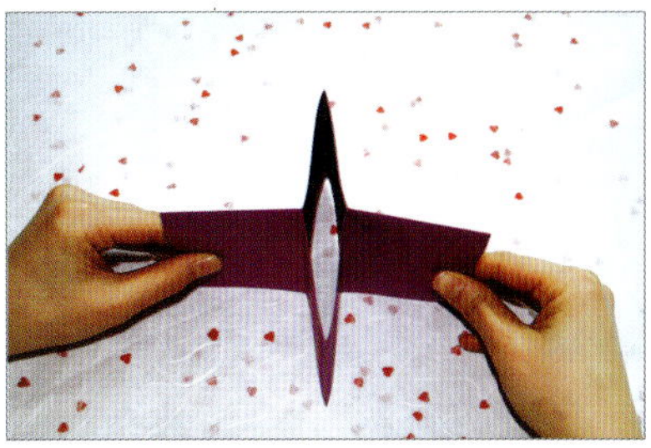

❹ 손으로 양쪽 끝을 잡고 중심을 향해 안으로 밀어 넣는다.

❺ 종이 전체가 십자 모양이 되도록 좌우 균형을 잡아준다.

❻ 2개의 줄을 이용하여 책의 날개를 고정시키고 모빌로 만든다.

② 모양 색종이로 구성하기

- 속지 카드에 다양한 색깔, 크기, 모양 색종이를 이용하여 원하는 모양을 꾸미고 표현한 것에 대하여 이야기를 적는다.
- 스스로 글쓰기에 어려움을 느끼는 어린이를 대상으로 활동하는 경우 교사가 이야기를 받아 적어준다.

③ 속지 카드 붙이기

- 공동으로 활동한 경우 십자 날개책에 개별적으로 표현한 속지 카드를 차례로 붙인다.
- 개별적으로 십자 날개책을 완성하는 경우 각각의 본문 면에 주제를 정하여 꾸미도록 지도한다.

  예) 1면과 2면 : 다양한 색깔과 크기의 동그라미 모양 색종이로 꾸미기
  3면과 4면 : 다양한 색깔과 크기의 세모 모양 색종이로 꾸미기
  5면과 6면 : 다양한 색깔과 크기의 네모 모양 색종이로 꾸미기
  7면과 8면 : 다양한 색깔과 크기의 동그라미 · 세모 · 네모 모양 색종이로 꾸미기

④ 아름다운 전람회 책 전시하기

- 모빌로 전시할 경우 2개의 줄을 준비하고 완성된 십자 날개책의 1면과 2면-5면과 6면, 3면과 4면-7면과 8면 사이로 줄을 걸어 책의 위부분에서 매듭을 지어 고정시킨 후 천장에 매달아 놓는다.
- 천장에 매달아 자유로이 관람하도록 전시하는 경우 어린이들의 눈높이에 맞추어 줄을 길게 늘어뜨려놓는다(사진❻ 참고).

소개하기 · 감상하기

- 동그라미, 세모, 네모 모양 색종이를 이용하여 무엇을 표현했는지 소개한다.
- 동그라미, 세모, 네모 모양 색종이를 오려서 만든 새로운 모양을 소개한다.
- 동그라미, 세모, 네모 모양 조각 종이를 이용하여 독특하거나 아름답게 표현한 작품을 선정한다.
- 동그라미, 세모, 네모 모양 색종이를 오려서 만든 새로운 모양으로 독특하거나 아름답게 표현한 작품을 선정한다.
- 조각 종이로 꾸미기 활동을 하면서 어렵거나 힘들었던 점이 있었는지 이야기 나눈다.
- 십자 날개책을 이용하여 할 수 있는 새로운 활동에 대하여 이야기 나눈다.
- 교실의 한 공간을 마련하거나 천장에 모빌처럼 줄을 달아 완성된 아름다운 전람회 책을 서로 감상할 수 있도록 전시한다.

Gallery

수원여자대학부설어린이집 친구들(만 5세).
모양 나라 친구들. 540㎜×390㎜.

강명숙. 솜씨 뽐내기. 270㎜×195㎜.

모양으로 그리는 세상

낙엽과 함께. 2003. 540㎜×390㎜.

활용도서

- 편집부(2003). 예쁜 모양으로 무얼 그릴까? 서울 : 중앙출판사.

참고도서

- 에드 엠벌리(2000). 조각 종이로 꾸미는 세상 1. 서울 : 고슴도치.
- 에드 엠벌리(2000). 조각 종이로 꾸미는 세상 2. 서울 : 고슴도치.

모양으로 그리는 세상 생각 모으기

Q. 다양한 모양을 표현하는 데 사용할 수 있는 재료들을 적어보세요.

A.

Q. 다양한 크기의 동그라미 모양으로 표현할 수 있는 것들을 적어보세요.

A.

Q. 다양한 크기의 세모 모양으로 표현할 수 있는 것들을 적어보세요.

A.

Q. 다양한 크기의 네모 모양으로 표현할 수 있는 것들을 적어보세요.

A.

Q. 다양한 크기의 동그라미 · 세모 · 네모 모양으로 표현할 수 있는 것들을 적어보세요.

A.

Q. 동그라미 · 세모 · 네모 외에 다양한 크기의 다른 모양들로 표현할 수 있는 것들을 적어보세요.

A.

자료 준비하기

- 수업용 모양으로 그리는 세상 책을 제작한다.
- 십자 날개책 540㎜×390㎜ 1매, 속지카드 115㎜×175㎜ 7매를 준비한다.
- 모양으로 그리는 세상 생각 모으기(CD-ROM)를 A4 복사용지에 출력한다.
- 판권면 라벨 3108 · 3114 · 3116(CD-ROM)을 Formtec Label 3108 · 3114 · 3116 라벨용지에 컬러 출력한다.

도구 준비하기

- 연필
- 색연필
- 사인펜
- 크레파스
- 색종이
- 모양 펀치
- 가위
- 풀
- 물감
- 본드
- 본드판
- 면봉
- 스티커
- 장식 재료
- 끈

수원여자대학부속어린이집 슬기반 친구들(만 5세).
: 황성연 · 김지수 · 엄희윤.
신기한 생각. 540㎜×390㎜.

수원여자대학부속어린이집 슬기반 친구들(만 5세).
: 윤성한 · 임도현 · 이예현.
짱구의 장난그림(한국어판). 540㎜×390㎜.

활동하기에 앞서

- 소개된 그림책 외에 다양한 화가들의 작품 사진을 준비하여 소개하고 활동을 진행할 수 있다.
- 어린이의 연령과 활동 방법에 따라 적절한 유형의 모양으로 그리는 세상 생각 모으기 활동지를 제공한다.
- 활동에 참여하는 어린이의 연령에 따라 다양한 색깔과 크기의 동그라미, 세모, 네모, 반원, 부채꼴 등의 색종이를 제공하거나 어린이 스스로 다양한 색깔의 색종이를 원하는 모양과 크기로 오려서 표현하도록 할 수 있다.
- 색종이를 사용하지 않고 직접 모양을 이용하여 그림을 그리거나 다양한 재료를 이용하여 표현하도록 할 수 있다.
- 한번에 6면을 완성하도록 하기 보다는 하루에 한 가지 모양에 대하여 이야기 나누고 표현하여 3회에 걸쳐 완성하도록 지도한다.
- 본문의 좌우 면에 글과 그림을 같은 순서로 구성하도록 지도한다.
  예) 글 : 왼쪽 면 · 그림 : 오른쪽 면 또는 그림 : 왼쪽 면 · 글 : 오른쪽 면
- 6면 날개책의 색깔이 짙은 색인 경우 하얀색 속지 카드를 사용한다.

그림책 이야기 들려주기

- 그림책을 소개하고 이야기를 들려준다.
- 그림책의 이야기를 다 들려준 후 책의 앞표지부터 한 장씩 넘겨가며 이야기에 대한 생각을 모은다.

Q. 이 책에는 어떤 모양들이 나오니?
Q. 동글동글 동그라미(뾰족뾰족 세모, 반듯반듯 네모)로 무얼 그렸을까?
Q. 동글동글 동그라미(뾰족뾰족 세모, 반듯반듯 네모)로 그림을 그린 화가는 누구일까?
Q. 동글동글 동그라미(뾰족뾰족 세모, 반듯반듯 네모)로 그린 그림의 제목을 무엇이라고 지었을까?
Q. 동글동글 동그라미(뾰족뾰족 세모, 반듯반듯 네모)로 무엇을 그릴 수 있을까?
Q. 동글동글 동그라미(뾰족뾰족 세모, 반듯반듯 네모)로 무엇을 그리고 싶니?
Q. 동그라미, 세모, 네모로 무엇을 그렸을까?
Q. 동그라미, 세모, 네모로 그림을 그린 화가는 누구일까?
Q. 동그라미, 세모, 네모로 그린 그림의 제목을 무엇이라고 지었을까?
Q. 동그라미, 세모, 네모로 무엇을 그릴 수 있을까?
Q. 동그라미, 세모, 네모로 무엇을 그리고 싶니?

모양으로 그리는 세상 책 소개하고 생각 모으기

- 수업용 모양으로 그리는 세상 책을 소개하고 어떻게 만들고 무엇을 표현해야 하는지 이야기 나눈다.

Q. 이 책은 어떤 모양이니?
Q. 이 책은 어떻게 접어서 만든 것일까?
Q. 이 책은 몇 면으로 구성되어 있니?
Q. 이 책에 동그라미, 세모, 네모를 이용하여 어떻게 꾸밀 수 있을까?
Q. 6면책에 동그라미, 세모, 네모를 이용하여 글과 그림을 어떻게 구성할 수 있을까?

- 모양으로 그리는 세상 생각 모으기 활동지에 각각의 모양으로 그리고 싶은 것을 간단히 표현한다.

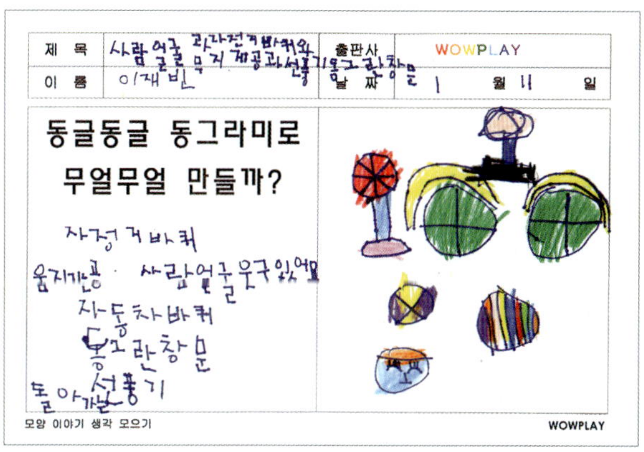

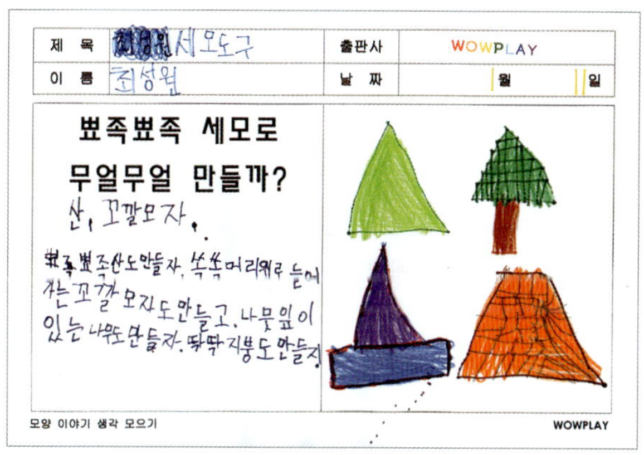

모양으로 그리는 세상 책 만들기

① 6면 날개책 만들기

- 십자 날개책을 접은 후 사진과 같이 양 날개를 앞 뒤로 접어서 6면 날개책을 만든다.

❶ 십자 날개책을 만든다.

❷ 십자 날개책의 네 개의 날개에서 옆면이 연결된 날개 면과 그 옆면을 앞으로 밀어서 앞표지와 뒤표지를 만든다.

② 앞표지 꾸미기

- 앞표지에 제목, 지은이, 출판사 명을 적는다.
- 내용과 관련하여 앞표지 그림을 그려 보도록 격려한다.

③ 모양으로 그리기

- 생각 모으기 활동지를 참고하여 1면, 3면, 5면에 각각의 모양으로 그리고 싶은 것에 대한 이야기를 적고 2면, 4면, 6면에 각각의 모양으로 표현하고 싶은 것을 그린다.

④ 뒤표지 꾸미기

- 뒤표지에 펴낸 날, 펴낸이, 펴낸 곳, 정가 등을 쓰고 바코드를 그리거나 오려 붙인다.
- 판권면 라벨을 사용할 수 있다.
- 책 만들기 경험이 풍부한 어린이들을 대상으로 활동하는 경우 ISBN을 표기하도록 할 수 있다.
- ISBN 표기 방법은 『책 만들기를 통한 창의적 언어교육 I (최유경 저. WOWPLAY)』을 참고한다.

소개하기 · 감상하기

- 동그라미, 세모, 네모 모양으로 무엇을 표현했는지 소개한다.
- 모양으로 그린 그림에 대한 이야기를 어떻게 지었는지 소개한다.
- 동그라미, 세모, 네모 모양을 이용하여 독특하거나 아름답게 표현한 작품을 선정한다.
- 모양에 대한 이야기를 아름답거나 재미있게 지은 책을 선정한다.
- 모양으로 그림을 그리면서 어렵거나 힘들었던 점이 있었는지 이야기 나눈다.
- 6면 날개책을 이용하여 할 수 있는 새로운 활동에 대하여 이야기 나눈다.
- 교실의 한 공간을 마련하여 완성된 모양으로 그리는 세상 책을 서로 감상할 수 있도록 전시한다.

Gallery

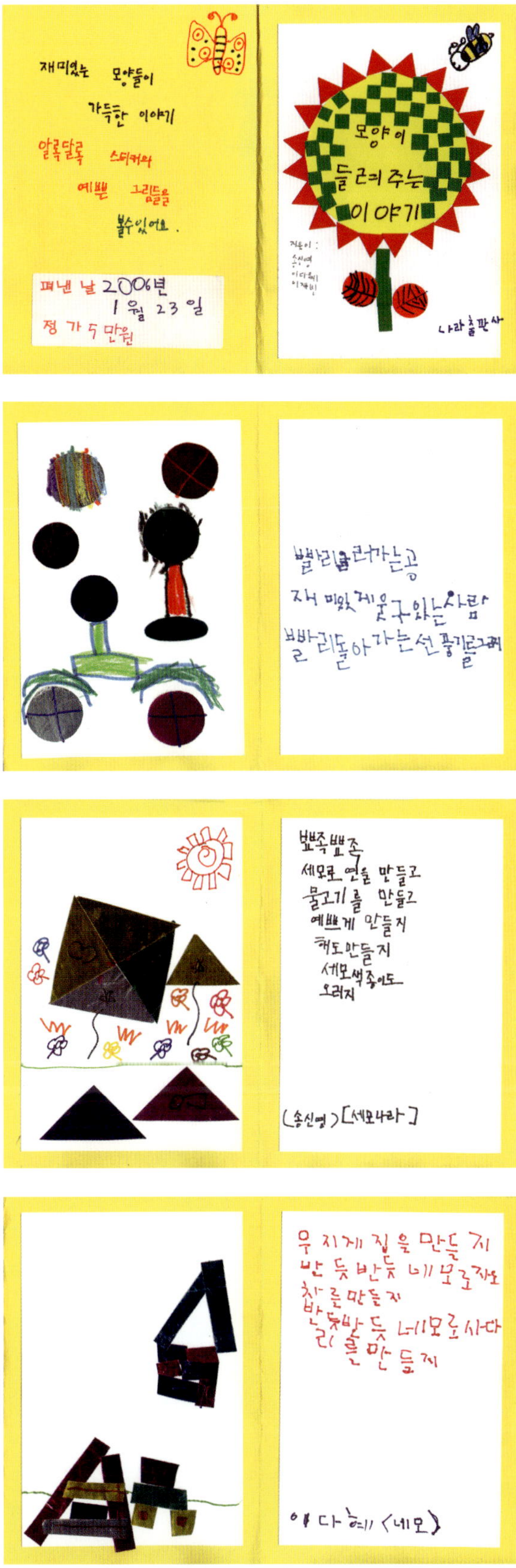

송신영 · 이다혜 · 이재빈(만 5세).
모양이 들려주는 이야기. 540㎜×390㎜.

윤호곤 · 김다운 · 최성원(만 5세).
모양 News. 540㎜×390㎜.

Gallery

조소영 · 윤주희 · 정세린(만 5세).
재미있는 세상. 540㎜×390㎜.

윤성한 · 임도현 · 이예현(만 5세).
짱구의 장난그림(한국어판). 540㎜×390㎜.

Gallery

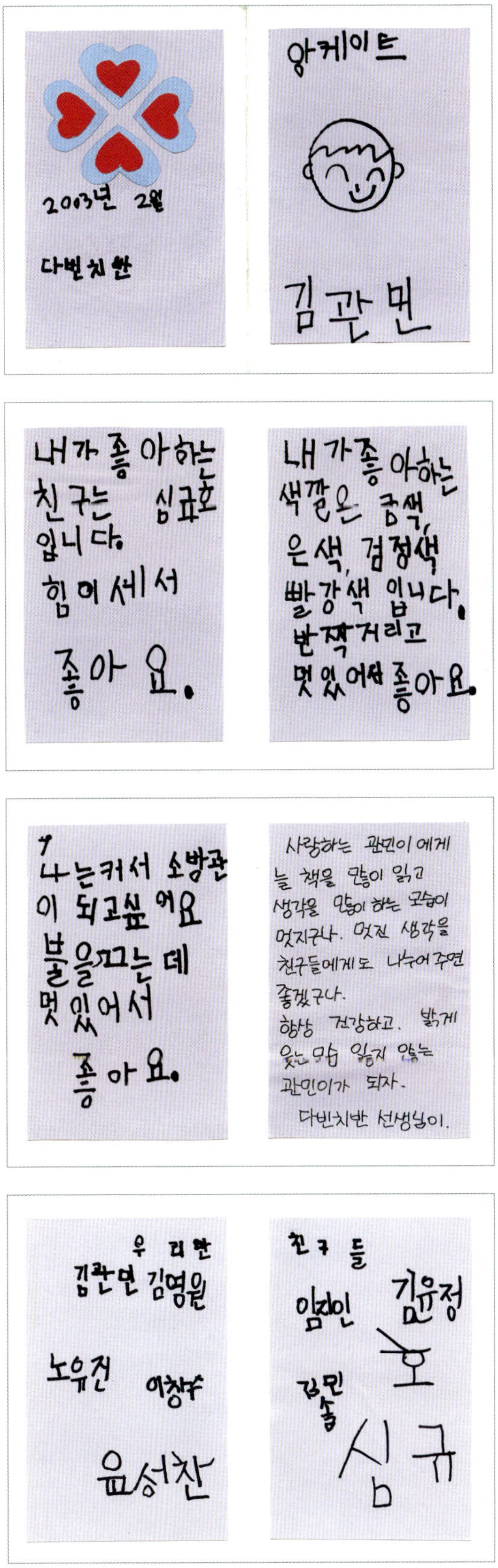

김관민(만 5세). 앙케이트. 280㎜×215㎜.

윤성한 · 최성원 · 이다혜 · 신민정(만 5세).
나의 첫 앨범. 390㎜×270㎜.

우리 가족 마음대로 똥 떡 이야기

To Greenpeace. 2004. 540㎜×390㎜.

활용도서

- 이춘희 글 · 박지훈 그림(2003). 똥 떡. 서울 : 언어세상.

활용도서

- 권정생(1996). 강아지똥. 서울 : 길벗어린이.
- 베르너 홀츠바르트(2002). 누가 내 머리에 똥 쌌어? 서울 : 사계절.
- 허은미(2004). 똥은 참 대단해. 서울 : 웅진닷컴.
- 나카노 히로미(2005). 똥. 서울 : 진선출판사.
- 고미 타로(2000). 누구나 눈다. 서울 : 한림출판사.

우리 가족 마음대로 똥 떡 이야기 생각 모으기

Q. 똥 떡이란 무엇으로 어떻게 만든 것일까요?

A.

Q. 똥 떡과 관련하여 할 수 있는 활동을 적어보세요.

A.

Q. 우리 가족의 똥을 관찰하려면 어떻게 해야 할까요?

A.

Q. 우리 가족의 똥을 관찰하고 느낀 것을 어떻게 표현할 수 있을까요?

A.

Q. 똥 떡을 만들어 볼 수 있는 방법을 적어보세요.

A.

자료 준비하기

- 수업용 우리 가족 마음대로 똥 이야기책을 제작한다.
- 십자 날개책 540㎜×390㎜ 1매, 속지카드 115㎜×175㎜ 7매를 준비한다.
- 판권면 라벨 3108 · 3114 · 3116(CD-ROM)을 Formtec Label 3108 · 3114 · 3116 라벨용지에 컬러 출력한다.

도구 준비하기

- 연필 ■ 색연필 ■ 사인펜 ■ 크레파스 ■ 색종이 ■ 모양 펀치 ■ 가위 ■ 풀
- 물감 ■ 본드 ■ 본드판 ■ 면봉 ■ 스티커 ■ 장식 재료

조윤재(만 2세). 윤재의 똥 이야기. 540㎜×390㎜.

활동하기에 앞서

- 소개된 그림책 외에 똥을 다룬 다양한 그림책을 소개하고 활동을 진행할 수 있다.
- 연령이 어린 어린이들을 대상으로 활동하는 경우 베르너 홀츠바르트 글 · 볼프 에를브루흐 그림(사계절)의 『누가 내 머리에 똥 쌌어』와 고미 타로(한림출판사)의 『누구나 눈다』를 읽고 활동하는 것이 적절하다.
- 가족의 똥을 관찰하고 표현하기 어려운 경우 동물원에 견학을 가거나 집에서 기르는 애완동물의 배설물을 관찰하고 표현하도록 지도한다.
- 한 번에 6면을 완성하도록 하기 보다는 하루에 한 면씩 가족이나 동물의 똥을 관찰하고 표현하도록 지도한다.

  예) 첫째 날 : 동생 똥 관찰하고 표현하기
  둘째 날 : 내 똥 관찰하고 표현하기
  셋째 날 : 엄마 똥 관찰하고 표현하기
  넷째 날 : 아빠 똥 관찰하고 표현하기
  다섯째 날 : 할머니 똥 관찰하고 표현하기
  여섯째 날 : 할아버지 똥 관찰하고 표현하기

- 가족의 똥을 관찰하고 표현하는 경우 가정에서 이루어지는 활동이므로 가정통신문을 통해 활동 목적과 활동 방법을 상세히 소개하고 활동이 끝나면 원으로 가져와 소개하는 시간을 갖는다.
- 글쓰기에 어려움을 느끼는 경우 똥을 관찰하고 느낀 점을 이야기 하도록 격려하고 받아 적어준다.
- 6면 날개책의 색깔이 짙은 색인 경우 하얀색 속지 카드를 사용한다.

그림책 이야기 들려주기

- 그림책을 소개하고 이야기를 들려준다.
- 그림책의 이야기를 다 들려준 후 책의 앞표지부터 한 장씩 넘겨가며 이야기에 대한 생각을 모은다.

Q. 이 책의 제목은 무엇이니?
Q. 똥 떡을 보거나 먹어본 적이 있니?
Q. 똥 떡은 어떻게 생겼을까?
Q. 똥 떡은 맛이 어떨까?
Q. 왜 똥 떡이라고 이름을 지었을까?
Q. 너희들은 똥을 본 적이 있니?
Q. 누구의 똥을 보았니?
Q. 사람의 똥과 동물들의 똥은 어떻게 다를까?
Q. 사람이나 동물마다 똥 모양이 다른 이유는 무엇일까?
Q. 우리 가족의 똥은 어떻게 생겼을까?

우리 가족 마음대로 똥 떡 이야기책 소개하고 생각 모으기

- 수업용 우리 가족 마음대로 똥 이야기책을 소개하고 어떻게 만들고 무엇을 표현해야 하는지 이야기 나눈다.

Q. 이 책은 몇 면으로 구성되어 있니?
Q. 아빠 또는 엄마의 똥을 본 적이 있니?
Q. 다른 가족의 똥을 본 적이 있니?
Q. 우리 가족의 똥은 언제 관찰할 수 있을까?
Q. 이 책에 우리 가족의 똥을 관찰하고 어떻게 표현할 수 있을까?

우리 가족 마음대로 똥 떡 이야기책 만들기

① 6면 날개책 만들기(152쪽 참고)

- 십자 날개책을 접은 후 양 날개를 앞뒤로 접어서 6면 날개책을 만든다.

② 앞표지 꾸미기

- 앞표지에 제목, 지은이, 출판사 명을 적는다.
- 내용과 관련하여 앞표지 그림을 그려 보도록 격려한다.

③ 우리가족 똥 관찰하고 표현하기

- 하루에 한 면씩 각각의 면에 가족의 똥을 관찰하고 그림과 글로 관찰한 내용과 느낌을 표현한다.

④ 뒤표지 꾸미기

- 뒤표지에 펴낸 날, 펴낸이, 펴낸 곳, 정가 등을 쓰고 바코드를 그리거나 오려 붙인다.
- 판권면 라벨을 사용할 수 있다.

■ 책 만들기 경험이 풍부한 어린이들을 대상으로 활동하는 경우 ISBN을 표기하도록 할 수 있다.
■ ISBN 표기 방법은 『책 만들기를 통한 창의적 언어교육 I (최유경 저. WOWPLAY)』을 참고한다.

소개하기 · 감상하기

■ 우리 가족의 똥 이야기를 어떻게 표현했는지 소개한다.
■ 우리 가족의 똥을 관찰하고 독특하거나 재미있게 표현한 작품을 선정한다.
■ 우리 가족 마음대로 똥 이야기책을 만들면서 느꼈던 점이나 궁금한 점이 있는지 이야기 나눈다.
■ 우리 가족 마음대로 똥 이야기책을 만들면서 어렵거나 힘들었던 점이 있었는지 이야기 나눈다.
■ 6면 날개책을 이용하여 새롭게 만들 수 있는 똥 이야기책에 대하여 알아본다.
■ 교실의 한 공간을 마련하여 완성된 우리가족 마음대로 똥 이야기책을 서로 감상할 수 있도록 전시한다.

Gallery

조윤재(만 2세). 윤재의 똥 이야기. 540㎜×390㎜.

Gallery

장재혁(만 5세). 딩동댕 우리집. 540㎜×390㎜.

임지인(만 5세). 꿈나무의 숲. 540㎜×390㎜.

CHAPTER 8

뚜껑을 활용한 문해 활동

Literacy Activity through Flap Books

- 무엇이 될까요?
- 내 친구 ㄱㄴㄷ
- 숫자 글자

무엇이 될까요?

땅에 사는 동물 친구 · 물에 사는 동물 친구. 2003. 2025㎜×195㎜.

활용도서

- 멜라니 월시(2002). 무엇이 될까요? 서울 : 시공주니어.

활용도서

- 멜라니 월시(2002). 무엇이 있을까요? 서울 : 시공주니어.
- 멜라니 월시(2002). 크고 작고 서울 : 시공주니어.
- 멜라니 월시(2002). 이렇게 달라졌어요. 서울: 시공주니어.
- 멜라니 월시(2005). 무얼 하고 있을까요? 서울: 시공주니어.
- 최숙희(2000). 누구 그림자일까요? 서울: 보림.
- 줄리 아이그너 클락(2005). 재미있는 명화 속 수수께끼. 서울 : 홍진 P&M.

무엇이 될까요 생각 모으기

Q. 병풍책에 뚜껑 카드를 붙이는 다양한 방법을 적어보세요.

A.

Q. 병풍책에 붙일 수 있는 뚜껑의 다양한 모양을 만들어 보세요.

A.

Q. 뚜껑 카드를 붙인 병풍책을 활용하여 할 수 있는 활동을 적어보세요.

A.

Q. 뚜껑을 붙인 병풍책에 모습이 변하는 사물이나 상황을 이용하여 할 수 있는 활동을 적어보세요.

A.

자료 준비하기

- 수업용 무엇이 될까요 뚜껑달린 병풍책을 제작한다.
- 병풍책 540㎜×135㎜ 1매, 뚜껑 카드 110㎜×220㎜ 4매를 준비한다.
- 무엇이 될까요 생각 모으기(CD-ROM)를 A4 복사용지에 출력한다.
- 판권면 라벨 3108 · 3114 · 3116(CD-ROM)을 Formtec Label 3108 · 3114 · 3116 라벨용지에 컬러 출력한다.

도구 준비하기

- 연필
- 색연필
- 사인펜
- 크레파스
- 색종이
- 모양 펀치
- 가위
- 풀
- 물감
- 본드
- 본드판
- 면봉
- 스티커
- 장식 재료

신혜민(만 7세). 길어 길어. 540㎜×135㎜.

활동하기에 앞서

- 뚜껑 카드를 붙이는 병풍책은 활동 내용이나 표현 방법에 따라 제공하는 종이의 크기는 융통성 있게 제공한다.
- 병풍책에 붙이는 뚜껑은 책의 크기와 표현 내용에 따라 정사각형이나 직사각형 모양뿐만 아니라 다양한 모양으로 오려서 붙일 수 있다.
- 뚜껑 카드는 표현 내용에 따라 위로 열기, 아래로 열기, 왼쪽으로 열기, 오른쪽으로 열기와 같이 다양한 방법으로 붙이고 표현할 수 있도록 지도한다.
- 뚜껑 카드는 되도록 하얀색이나 옅은 색깔의 종이를 사용하는 것이 적절하다.

그림책 이야기 들려주기

- 그림책을 소개하고 이야기를 들려준다.
- 그림책의 이야기를 다 들려준 후 책의 앞표지부터 한 장씩 넘겨가며 이야기에 대한 생각을 모은다.

Q. 이 책의 제목은 무엇이니?

Q. 이 책은 어떤 점이 특이하니?

Q. 이렇게 만든 책을 무슨 책이라고 부를 수 있을까?

Q. 왜 책에 뚜껑을 열 수 있게 만들었을까?

Q. 뚜껑의 겉과 안에 있는 것은 서로 어떤 관계일까?

Q. 가장 마음에 드는 장면은 무엇이니?
Q. 시간이 지나거나 여러 개가 모이면 모습이 변하는 것에는 또 어떤 것이 있을까?

무엇이 될까요 뚜껑달린 병풍책 소개하고 생각 모으기

■ 수업용 무엇이 될까요 뚜껑달린 병풍책을 소개하고 어떻게 만들고 무엇을 표현해야 하는지 이야기 나눈다.
Q. 이 책은 어떻게 만들었을까?
Q. 책 속에 왜 뚜껑을 만들어 붙였을까?
Q. 이 책을 이용하여 어떤 활동을 할 수 있을까?
Q. 처음에 본 모습이 시간이 지나면 변하는 것에는 어떤 것이 있을까?
Q. 여러 개가 모이면 처음 모습과 달라지는 것에는 어떤 것이 있을까?
Q. 뚜껑 달린 병풍책에 처음 모습과 변한 모습을 어떻게 표현할 수 있을까?
Q. 뚜껑은 어떻게 붙일 수 있을까?
■ 무엇이 될까요 생각 모으기 활동지에 표현하고 싶은 이야기를 간단히 표현한다.

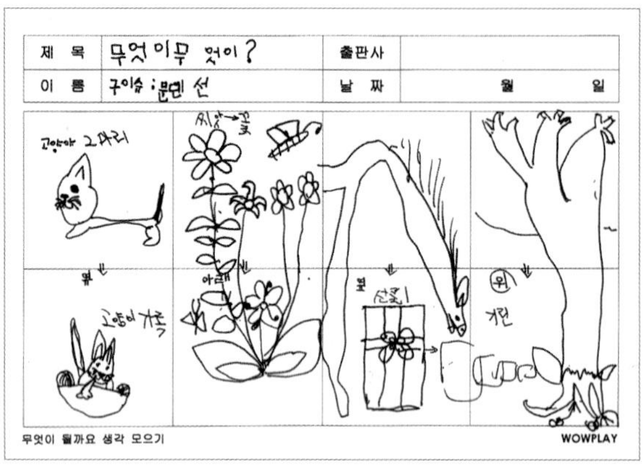

무엇이 될까요 책 만들기

① 4면 병풍책 접기
■ 병풍책 종이를 지그재그로 접어서 4면 병풍책을 만든다.

② 뚜껑 카드 접어 붙이기
■ 뚜껑 카드 4장을 반으로 접는다.
■ 반으로 접은 뚜껑 카드를 표현 내용에 따라 병풍책의 각각의 면에 원하는 방향으로 다양하게 붙인다.

③ 무엇이 될까요 이야기 표현하기
■ 생각 모으기 활동지를 참고하여 뚜껑 앞면에는 생각한 사물의 처음 모습을 그림과 글로 표현한다.
■ 생각 모으기 활동지를 참고하여 뚜껑을 열고 생각한 사물의 변화한 모습을 그림과 글로 표현한다.

④ 앞표지 꾸미기
■ 앞표지에 제목, 지은이, 출판사 명을 적는다.
■ 내용과 관련하여 앞표지 그림을 그려 보도록 격려한다.

⑤ 뒤표지 꾸미기
■ 뒤표지에 펴낸 날, 펴낸이, 펴낸 곳, 정가 등을 쓰고 바코드를 그리거나 오려 붙인다.
■ 판권면 라벨을 사용할 수 있다.

- 책 만들기 경험이 풍부한 어린이들을 대상으로 활동하는 경우 ISBN을 표기하도록 할 수 있다.
- ISBN 표기 방법은 『책 만들기를 통한 창의적 언어교육 I (최유경 저. WOWPLAY)』을 참고한다.

소개하기 · 감상하기

- 처음 모습과 변화된 모습으로 무엇을 어떻게 표현했는지 소개한다.
- 표현한 사물이나 상황이 재미있거나 독특한 책을 선정한다.
- 뚜껑 달린 병풍책을 만들면서 어렵거나 힘들었던 점이 있었는지 이야기 나눈다.
- 뚜껑 달린 병풍책을 이용하여 할 수 있는 새로운 활동에 대하여 알아본다.
- 교실의 한 공간을 마련하여 완성된 무엇이 될까요 책을 서로 감상할 수 있도록 전시한다.

Gallery

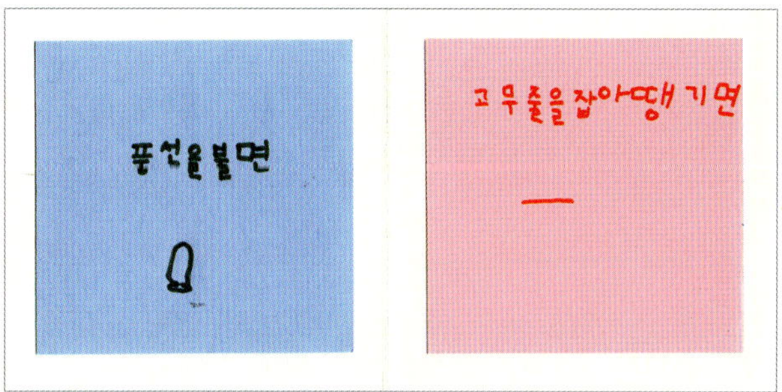

1면 · 2면

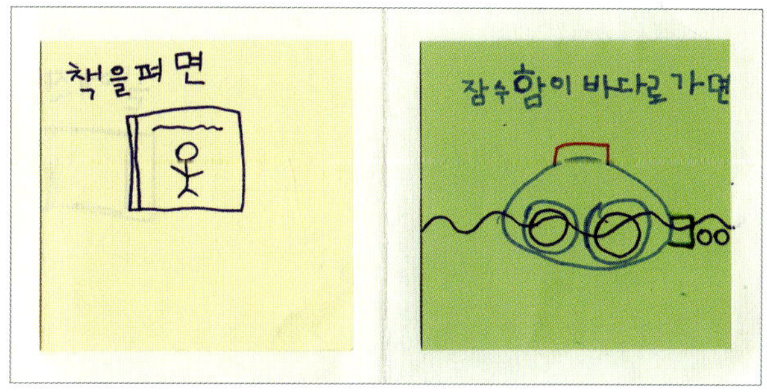

3면 · 4면

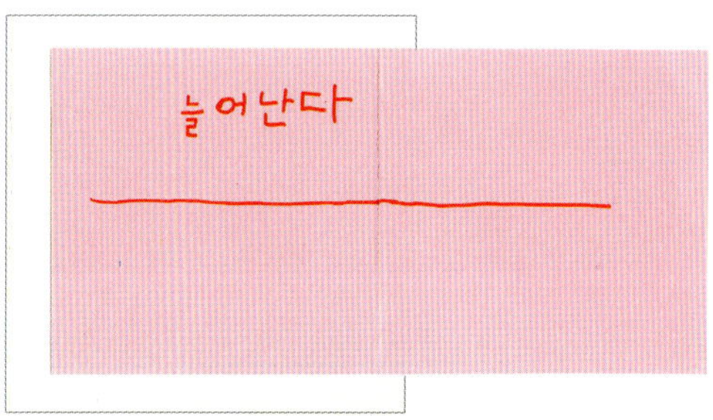

1면 날개

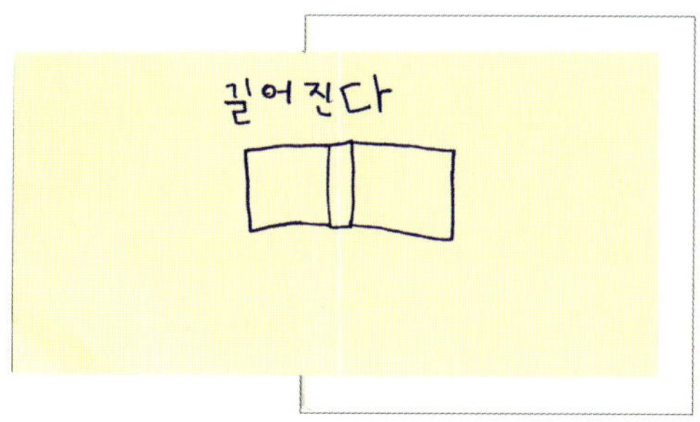

2면 날개

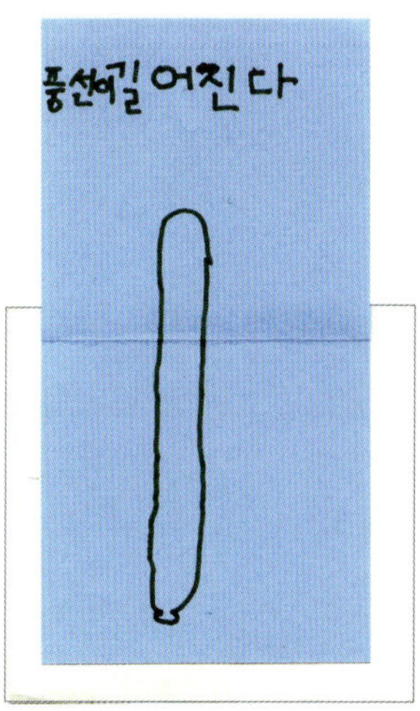

3면 날개

4면 날개

최찬희(만 7세). 무엇이 될까? 540㎜×135㎜.

Gallery

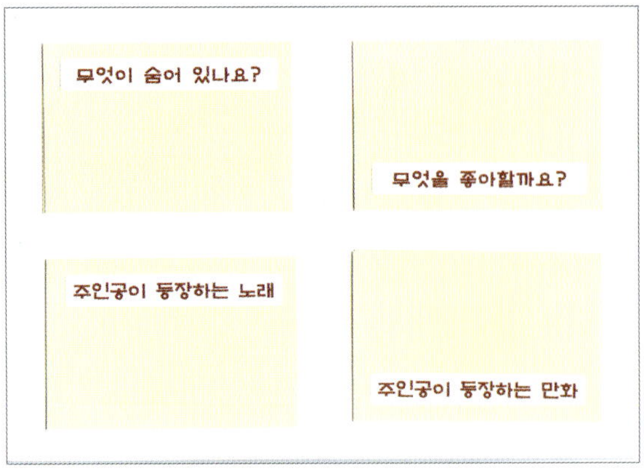

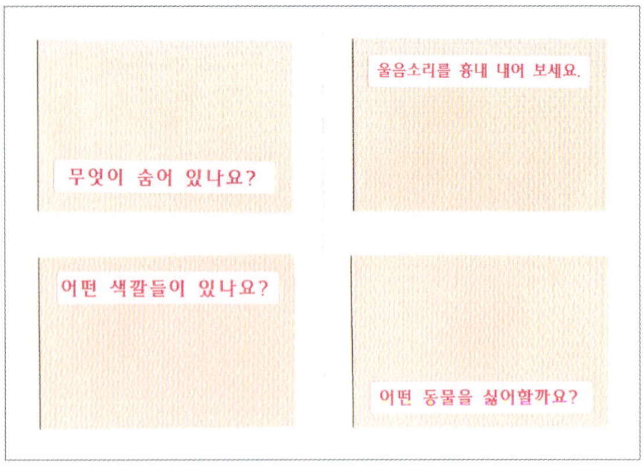

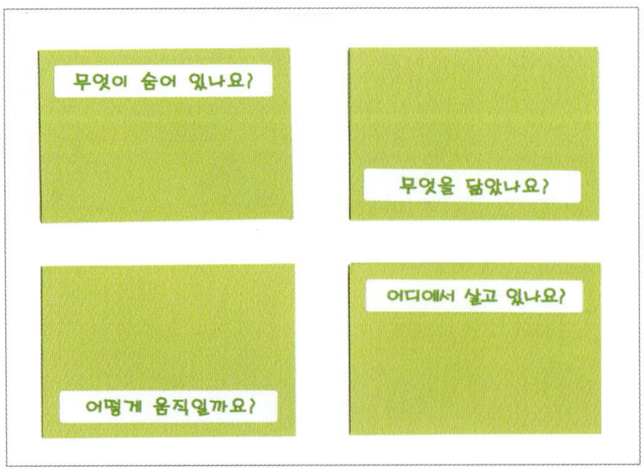

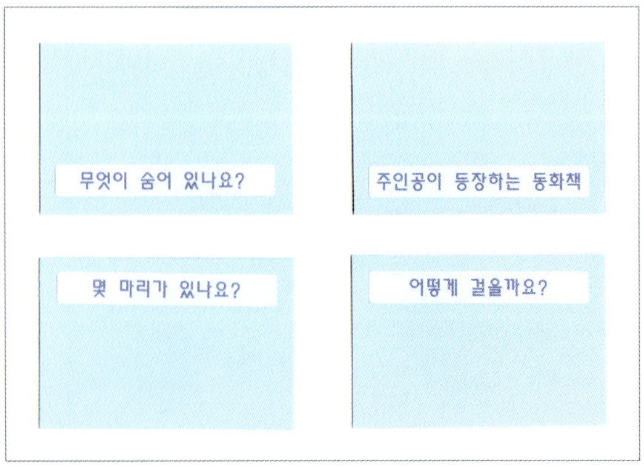

무엇이 숨어 있나요? 알아 맞추어 보세요. 2003. 1080㎜×195㎜.

무엇이 숨어 있나요? 알아 맞추어 보세요. 2003. 1080㎜×195㎜.

김경아(만 3세). 길고 짧고. 540㎜×195㎜.

Gallery

오지현(만 6세). 행복한 우리집. 1080㎜×195㎜.

내 친구 ㄱㄴㄷ

세계의 이야기 마법사. 2003. 390㎜×300㎜.

활용도서

- 이지원 기획 · 이보나 흐미엘레프스카 그림(2005). 생각하는 ㄱㄴㄷ. 서울 : 논장.

참고도서

- 박은영(1997). 준영 ㄱㄴㄷ. 서울 : 비룡소.
- 박은영(1997). 기차 ㄱㄴㄷ. 서울 : 비룡소.
- 한국어린이육영회(2003). 엄마와 함께 하는 동시 그림책.
- 이상교 동시(2001). 그림 속 그림 찾기 ㄱㄴㄷ. 서울 : 사계절.

내 친구 ㄱㄴㄷ 생각 모으기

Q. 병풍책 외에 뚜껑 카드를 이용하여 만들 수 있는 책을 적어보세요.

A.

Q. 큰책에 뚜껑 카드를 붙일 수 있는 방법을 적어보세요.

A.

Q. 9면 큰책에 뚜껑 카드를 붙이고 할 수 있는 활동을 적어보세요.

A.

Q. 16면 큰책에 뚜껑 카드를 붙이고 할 수 있는 활동을 적어보세요.

A.

Q. 24면 큰책에 뚜껑 카드를 붙이고 할 수 있는 활동을 적어보세요.

A.

자료 준비하기

- 수업용 내 친구 ㄱㄴㄷ 큰책을 제작한다.
- 큰책 540㎜×390㎜ 1매, 뚜껑 카드 ① 115㎜×155㎜ 7매, 뚜껑 카드 ② 230㎜×78㎜ 7매, 속지 카드 115㎜×78㎜ 4매를 준비한다.
- 내 친구 ㄱㄴㄷ 생각 모으기(CD-ROM)를 A4 복사용지에 출력한다.
- 판권면 라벨 3108 · 3114 · 3116(CD-ROM)을 Formtec Label 3108 · 3114 · 3116 라벨용지에 컬러 출력한다.

도구 준비하기

- 연필
- 색연필
- 사인펜
- 풀
- 자음 도장
- 컬러스탬프
- Formtec Label 3639
- 조각 종이
- 포스트잇

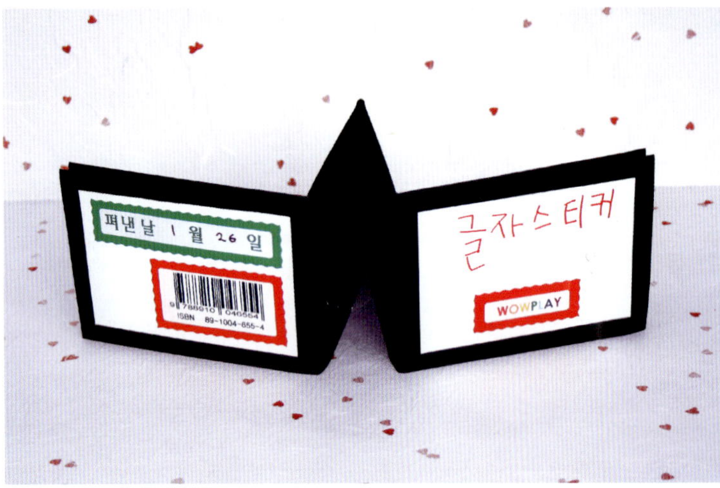

꿈꾸는 아이들 어린이집 친구들(만 4세 · 5세)
: 김보래 · 전태헌 · 김정찬 · 최가희 · 신현준. 글자 스티커. 540㎜×390㎜.

활동하기에 앞서

- 내 친구 ㄱㄴㄷ 책 만들기 활동에 활용하는 그림책은 위에 제시된 책 중에서 활동에 참여하는 어린이의 연령이나 관심에 따라 적절한 그림책을 선택하여 소개하거나 한글을 주제로 한 책을 선택하여 진행할 수 있다.
- 큰책과 뚜껑 카드는 활동 내용이나 표현 방법에 따라 제공하는 종이의 크기를 융통성 있게 제공한다.
- 큰책에 붙이는 뚜껑은 책의 크기와 표현 내용에 따라 정사각형이나 직사각형 모양뿐만 아니라 다양한 모양으로 오려서 붙일 수 있다.
- 뚜껑 카드는 표현 내용에 따라 위로 열기, 아래로 열기, 왼쪽으로 열기, 오른쪽으로 열기와 같이 다양한 방법으로 붙이고 표현할 수 있도록 지도한다.
- 뚜껑 카드 앞면에 Formtec Label 3639 라벨을 붙이고 라벨 위에 자음을 직접 쓰거나 자음 도장이나 자음 스티커 등을 이용하여 각각의 자음을 다양하게 표현하도록 할 수 있다.
- 연령에 따라 개별적으로 16면 큰책을 완성하기 어려워하는 경우 학급 전체 어린이들이 함께 각자가 원하는 자음을 선택하여 표현하고 붙여서 모둠책으로 완성하도록 한다.
- 뚜껑 카드는 되도록 하얀색이나 옅은 색깔의 종이를 사용하는 것이 적절하다.

그림책 이야기 들려주기

- 그림책을 소개하고 이야기를 들려준다.
- 그림책의 이야기를 다 들려준 후 책의 앞표지부터 한 장씩 넘겨가며 이야기에 대한 생각을 모은다.

Q. 이 책의 제목은 무엇이니?
Q. 왜 '생각하는 ㄱㄴㄷ' 이라고 지었을까?
Q. 'ㄱ(ㄴ~ㅎ)' 으로 시작하는 낱말에 무엇이 있었니?
Q. 작가는 'ㄱ(ㄴ~ㅎ)' 으로 시작하는 낱말을 어떻게 표현했니?
Q. 왜 'ㄱ(ㄴ~ㅎ)' 으로 시작하는 낱말을 'ㄱ' 모양으로 표현했을까?
Q. 'ㄱ(ㄴ~ㅎ)' 으로 시작하는 낱말에는 또 무엇이 있을까?

- 어린이들이 이야기하는 각각의 자음으로 시작하는 낱말을 조각 종이 또는 포스트잇에 받아 적고 교실의 적당한 위치에 부착하여 단어 벽을 만들어준다.

내 친구 ㄱㄴㄷ 큰책 소개하고 생각 모으기

- 수업용 내 친구 ㄱㄴㄷ 큰책을 소개하고 어떻게 만들고 무엇을 표현해야 하는지 이야기 나눈다.

Q. 이 책은 어떻게 만들었을까?
Q. 몇 면으로 이루어진 큰책일까?
Q. 16면 큰책에 무엇이 붙여져 있니?
Q. 몇 개의 뚜껑이 붙여져 있니?
Q. 뚜껑이 어떤 모양으로 붙여져 있니?
Q. 큰책 속에 왜 여러 가지 모양으로 뚜껑을 만들어 붙였을까?
Q. 이 책을 이용하여 어떤 활동을 할 수 있을까?
Q. 14개의 뚜껑에 자음을 어떻게 적어서 나타낼 수 있을까?
Q. 자음을 적은 뚜껑 카드 안에 무엇을 표현하는 것일까?
Q. 뚜껑 카드 안에 각각의 자음을 어떻게 표현할 수 있을까?

- 내 친구 ㄱㄴㄷ 생각 모으기 활동지에 각각의 자음으로 시작하는 낱말을 방사선 모양으로 표현한다.

내 친구 ㄱㄴㄷ 큰책 만들기

① 16면 큰 책 접기(90쪽 참고)

- 큰 책 종이를 가로와 세로로 지그재그로 접어서 16면 큰 책을 만든다.

② 뚜껑 카드 접어 붙이기

- 뚜껑 카드 ① 7장을 반으로 접어서 2면 카드를 만든다.
- 뚜껑 카드 ② 7장을 반으로 접어서 2면 카드를 만든다.
- 반으로 접은 뚜껑 카드 ①, ②를 16면 큰 책의 2면, 3면, 4면, 5면, 6면, 7면, 8면, 9면, 10면, 11면, 12면, 13면, 14면, 15면에 원하는 방향으로 다양하게 붙인다.

③ 1면 꾸미기

- 1면에 제목, 지은이, 출판사 명을 적는다.
- 여러 명의 어린이들이 함께 꾸민 경우 지은이는 쓰지 않는 것이 적절하다.

④ 뚜껑 카드 앞면 꾸미기

- 14개의 뚜껑 카드 앞면에 Formtec Label 3639 라벨을 붙이고 라벨 위에 각각의 자음을 직접 쓰거나 자음 도장이

나 자음 스티커 등을 이용하여 자음을 다양하게 표현한다.

⑤ 뚜껑 카드 안쪽 면 꾸미기

- 뚜껑 카드를 열고 안쪽 면에 생각 모으기 활동지를 참고하여 각각의 자음으로 시작하는 낱말을 그림과 글로 표현한다.
- 스스로 생각하여 쓰기에 어려움을 느끼는 경우 단어벽을 참고하여 쓰도록 격려한다.

⑥ 16면 꾸미기

- 펴낸 날, 펴낸이, 펴낸 곳, 정가 등을 쓰고 바코드를 그리거나 오려 붙인다.
- 여러 명의 어린이들이 함께 꾸민 경우 참여한 어린이들 각자가 이름을 쓰도록 지도한다.

⑦ 앞표지 꾸미기

- 앞표지에 제목, 지은이, 출판사 명을 적는다.
- 여러 명의 어린이들이 함께 꾸민 경우 지은이는 쓰지 않는 것이 적절하다.
- 내용과 관련하여 앞표지 그림을 그려 보도록 격려한다.

⑧ 뒤표지 꾸미기

- 뒤표지에 펴낸 날, 펴낸이, 펴낸 곳, 정가 등을 쓰고 바코드를 그리거나 오려 붙인다.
- 여러 명의 어린이들이 함께 꾸민 경우 펴낸이(지은이)는 쓰지 않는 것이 적절하다.
- 판권면 라벨을 사용할 수 있다.
- 책 만들기 경험이 풍부한 어린이들을 대상으로 활동하는 경우 ISBN을 표기하도록 할 수 있다.
- ISBN 표기 방법은 『책 만들기를 통한 창의적 언어교육 I (최유경 저. WOWPLAY)』을 참고한다.

소개하기 · 감상하기

- 각각의 자음으로 시작하는 낱말로 어떤 낱말들을 적었는지 소개한다.
- 소개된 낱말 중에 재미있거나 독특한 낱말이 있는지 알아본다.
- 소개된 낱말 중에 처음 듣는 낱말이나 뜻을 모르는 낱말이 있는지 알아본다.
- 뚜껑 달린 큰 책을 만들면서 어렵거나 힘들었던 점이 있었는지 이야기 나눈다.
- 뚜껑 달린 큰 책을 이용하여 할 수 있는 새로운 활동에 대하여 알아본다.
- 교실의 한 공간을 마련하여 완성된 내 친구 ㄱㄴㄷ 큰 책을 서로 감상할 수 있도록 전시한다.

Gallery

ⓖ

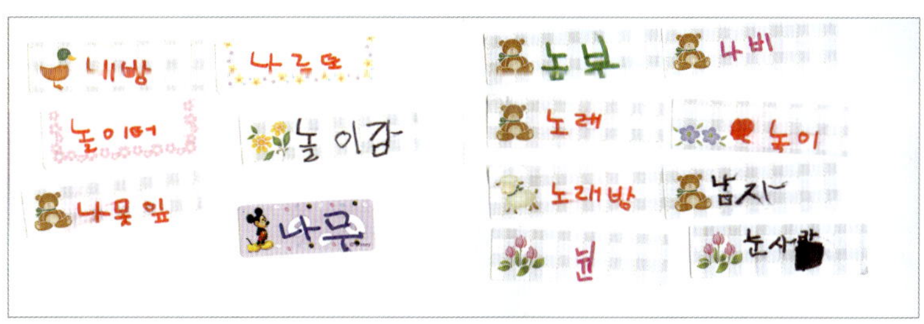

ⓝ

ⓓ

ㄹ

ㅁ

ㅂ

ㅅ

ㅇ

ㅈ

ㅊ

ㅋ

ㅌ

ㅍ

ㅎ

꿈꾸는 아이들 어린이집 친구들 : 김보래 · 김정찬 · 신현준 · 전태현 · 최가희(만 4세 · 5세). 글자스티커. 540㎜×390㎜.

Gallery

재미있는 말놀이. 2003. 540㎜×300㎜.

Gallery

ㄱㄴㄷ 동물나라. 2003. 540㎜×300㎜.

숫자 글자

친구들아 모여라. 2005. 1890㎜×75㎜.

활용도서

- 이지원 기획 · 이보나 흐미엘레프스차 그림(2005). 생각하는 ㄱㄴㄷ. 서울 : 논장.

참고도서

- 박은영(1997). 준영 ㄱㄴㄷ. 서울 : 비룡소.
- 박은영(1997). 기차 ㄱㄴㄷ. 서울 : 비룡소.
- 한국어린이육영회(2003). 엄마와 함께 하는 동시 그림책.
- 이상교 동시(2001). 그림 속 그림 찾기 ㄱㄴㄷ. 서울 : 사계절.

생각하는 말놀이 생각 모으기

Q. 병풍책에 붙이는 두껑 카드를 만들 수 있는 다양한 방법을 적어보세요.

A.

Q. 병풍책 속에 병풍책을 붙일 수 있는 새로운 방법을 만들어 보세요.

A.

Q. 병풍책 속의 병풍책을 이용하여 할 수 있는 말놀이를 적어보세요.

A.

Q. 그림책을 읽고 난 후 병풍책 속의 병풍책을 이용하여 할 수 있는 활동을 적어보세요.

A.

Q. 병풍책 속의 병풍책을 이용하여 만들 수 있는 책을 적어보세요.

A.

자료 준비하기

- 수업용 숫자 글자 책을 제작한다.
- 병풍책 ① 540㎜×70㎜ 또는 540㎜×100㎜ 1매, 병풍책 ② 480㎜×50㎜ 또는 480㎜×60㎜ 4매를 준비한다.
- 숫자 글자 라벨 3108(CD-ROM)을 Formtec Label 3108 라벨용지에 출력한다.
- 재미있는 말놀이 라벨 3108(CD-ROM)을 Formtec Label 3108 라벨용지에 출력한다.
- 날짜 라벨 3621(CD-ROM)을 Formtec Label 3621 라벨용지에 출력한다.
- 숫자 글자 생각 모으기 또는 재미있는 말놀이 생각 모으기(CD-ROM)를 A4 복사용지에 출력한다.
- 판권면 라벨 3108 · 3114 · 3116(CD-ROM)을 Formtec Label 3108 · 3114 · 3116 라벨용지에 컬러 출력한다.

도구 준비하기

- 연필
- 색연필
- 사인펜
- 색종이
- 모양 펀치
- 가위
- 풀
- 스티커

김정찬(만 4세). 글자서점. 540㎜×70㎜.

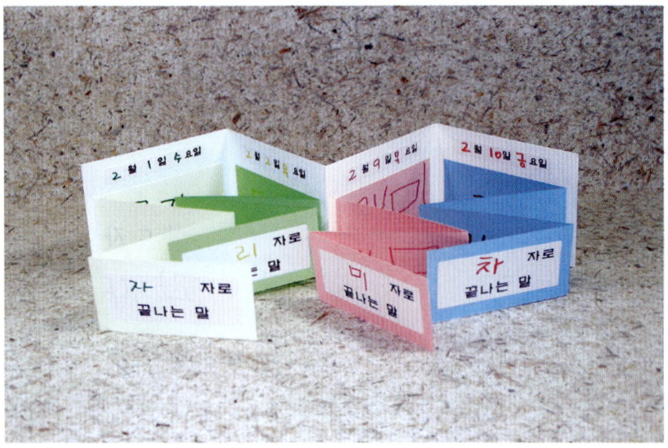

홍다빈(만 5세). 같은 글자로 끝나는 말. 540㎜×100㎜.

활동하기에 앞서

- 병풍책 ① · ②는 활동 내용이나 표현 방법에 따라 제공하는 종이의 크기를 융통성 있게 제공한다.
- 병풍책 ①에 붙이는 병풍책 ②는 책의 크기와 표현 내용에 따라 정사각형이나 직사각형 모양뿐만 아니라 다양한 모양으로 오려서 붙일 수 있다.
- 숫자 글자 라벨이나 재미있는 말놀이 라벨을 사용하지 않고 병풍책 ②의 앞표지에 직접 글자를 적도록 할 수 있다.
- 날짜 라벨을 사용하지 않는 경우 병풍책 ①의 종이 크기는 540㎜×70㎜를 사용하고 병풍책 ②는 480㎜×50㎜를 사용한다.
- 날짜 라벨을 사용하는 경우 병풍책 ①의 종이 크기는 540㎜×100㎜를 사용하고 병풍책 ②는 480㎜×60㎜를 사용한다.
- 스스로 쓰기가 능숙한 어린이를 대상으로 활동하는 경우 다양한 주제를 정하여 자유로이 낱말을 적도록 할 수 있다.

  예1) 1면 : 한 글자로 이루어진 동물 이름 4가지 적기(뱀, 닭, 소, 말 등)
  2면 : 두 글자로 이루어진 동물 이름 4가지 적기(사자, 염소, 토끼, 여우 등)
  3면 : 세 글자로 이루어진 동물 이름 4가지 적기(호랑이, 고양이, 코알라, 침팬지 등)
  4면 : 네 글자로 이루어진 동물 이름 4가지 적기(이구아나, 우랑우탄, 카멜레온, 하이에나 등)

  예2) 1면 : 두 글자로 내 몸에서 나는 소리 4가지 적기(콩콩, 쩝쩝, 뿌웅, 꿀꺽, 냠냠 등)
  2면 : 두 글자로 동물들의 울음소리 4가지 적기(야옹, 멍멍, 음메, 어흥 등)
  3면 : 두 글자로 이루어진 도시 이름 4가지 적기(서울, 도쿄, 뉴욕, 런던 등)
  4면 : 두 글자로 이루어진 나라 이름 4가지 적기(한국, 일본, 영구, 미국 등)

■ 생각 모으기를 통해 나온 낱말들을 다양한 크기의 포스트잇이나 종이 카드에 적어서 단어벽을 만들어 준다.
■ 병풍책 ②는 하얀색이나 옅은 색깔의 종이를 사용하는 것이 적절하다.

숫자 글자 책 소개하고 생각 모으기

■ 수업용 숫자 글자 책을 소개하고 어떻게 만들고 무엇을 표현해야 하는지 이야기 나눈다.
Q. 이 책은 어떻게 만들었을까?
Q. 병풍책 속에 무엇이 들어있니?
Q. 병풍책 속에 작은 병풍책을 어떻게 붙였을까?
Q. 병풍책 속에 작은 병풍책이 몇 권 들어있니?
Q. 병풍책 속에 병풍책이 들어있는 이 책을 이용하여 어떤 활동을 할 수 있을까?
Q. 낱말의 글자 수를 이용하여 어떤 활동을 할 수 있을까?
Q. 한 글자(두 글자, 세 글자, 네 글자)로 이루어진 낱말에는 무엇이 있을까?
Q. 병풍책 속의 병풍책에 한 글자, 두 글자, 세 글자, 네 글자로 이루어진 낱말을 어떻게 적을 수 있을까?
Q. 병풍책 속의 병풍책 앞표지는 어떻게 꾸밀 수 있을까?
Q. 병풍책 속의 병풍책 본문에 한 글자, 두 글자, 세 글자, 네 글자로 이루어진 낱말을 몇 개씩 생각하여 적어야 할까?
■ 숫자 글자 생각 모으기 또는 재미있는 말놀이 생각 모으기 활동지에 한 글자, 두 글자, 세 글자, 네 글자로 이루어진 낱말이나 같은 글자로 시작하는 낱말 또는 같은 글자로 끝나는 낱말을 생각하여 적어보도록 격려한다.

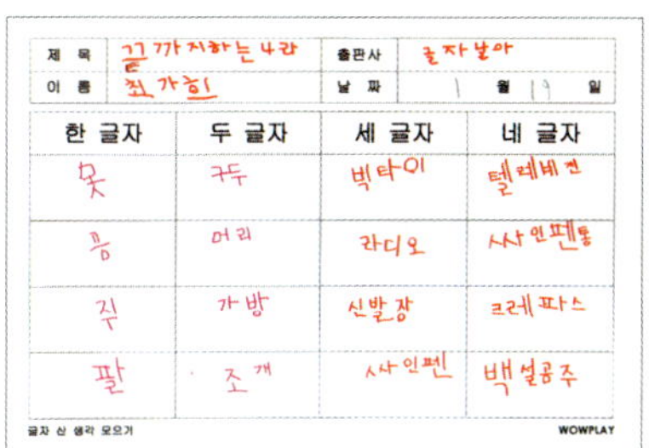
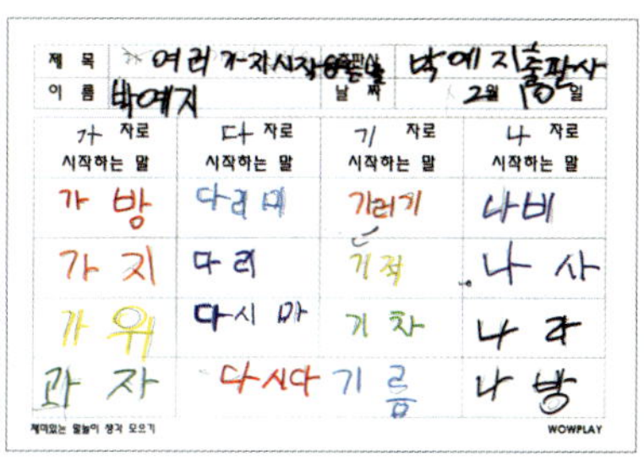
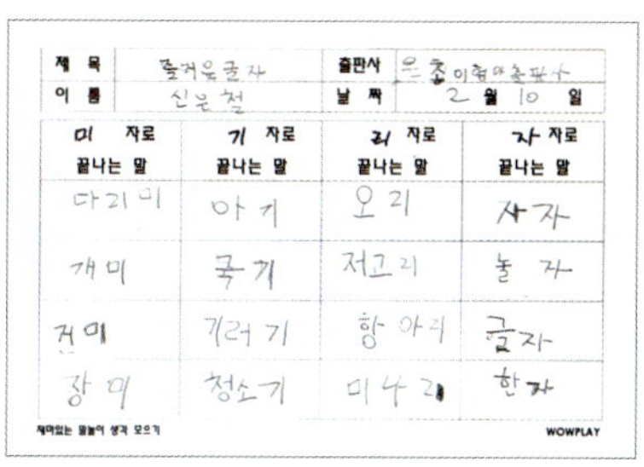

숫자 글자 책 만들기

① 4면 병풍책 접기 I
■ 병풍책 ① 종이를 지그재그로 접어서 4면 병풍책을 만든다.

② 4면 병풍책 접기 II
■ 4장의 병풍책 ② 종이를 지그재그로 접어서 4면 병풍책을 만든다.

③ 날짜 라벨 붙이기
■ 병풍책 ①의 각각의 면에 날짜 라벨을 한 매씩 붙인다.
■ 하루에 활동을 완성하는 경우 날짜 라벨을 사용하지 않는다.

④ 병풍책 ①에 병풍책 ② 붙이기
■ 4권의 병풍책 ② 뒷면에 풀칠하여 병풍책①의 각각의 본문 면에 붙인다.

⑤ 숫자 글자 라벨 붙이기
■ 4권의 병풍책 ② 앞면에 숫자 글자 라벨을 각각 한 장씩 붙인다.
■ 숫자 글자 라벨을 사용하지 않고 직접 글자 수를 적도록 할 수 있다.
■ 활동 유형에 따라 숫자 글자 라벨을 사용하지 않고 재미있는 말놀이 라벨을 사용할 수 있다.

⑥ 숫자 낱말 쓰기

■ 4권의 병풍책 ②의 앞면에 붙인 라벨 또는 적은 글자 수에 따라 한 글자, 두 글자, 세 글자, 네 글자로 이루어진 낱말을 생각 모으기 활동지를 참고하여 각각의 면에 차례로 적는다.

⑦ 앞표지 꾸미기

■ 앞표지에 제목, 지은이, 출판사 명을 적는다.

⑧ 뒤표지 꾸미기

■ 뒤표지에 펴낸 날, 펴낸이, 펴낸 곳, 정가 등을 쓰고 바코드를 그리거나 오려 붙인다.
■ 판권면 라벨을 사용할 수 있다.
■ 책 만들기 경험이 풍부한 어린이들을 대상으로 활동하는 경우 ISBN을 표기하도록 할 수 있다.
■ ISBN 표기 방법은 『책 만들기를 통한 창의적 언어교육 I (최유경 저. WOWPLAY)』을 참고한다.

소개하기 · 감상하기

■ 어떤 낱말을 생각하여 적었는지 소개한다.
■ 처음 듣는 낱말이나 뜻을 모르는 낱말이 있는지 알아본다.
■ 재미있는 낱말이나 특이한 낱말이 있는지 알아본다.
■ 병풍책 속의 병풍책을 만들면서 어렸거나 힘들었던 점이 있었는지 이야기 나눈다.
■ 병풍책 속의 병풍책을 이용하여 할 수 있는 새로운 활동에 대하여 알아본다.
■ 교실의 한 공간을 마련하여 완성된 숫자 글자 책을 서로 감상할 수 있도록 전시한다.

부록

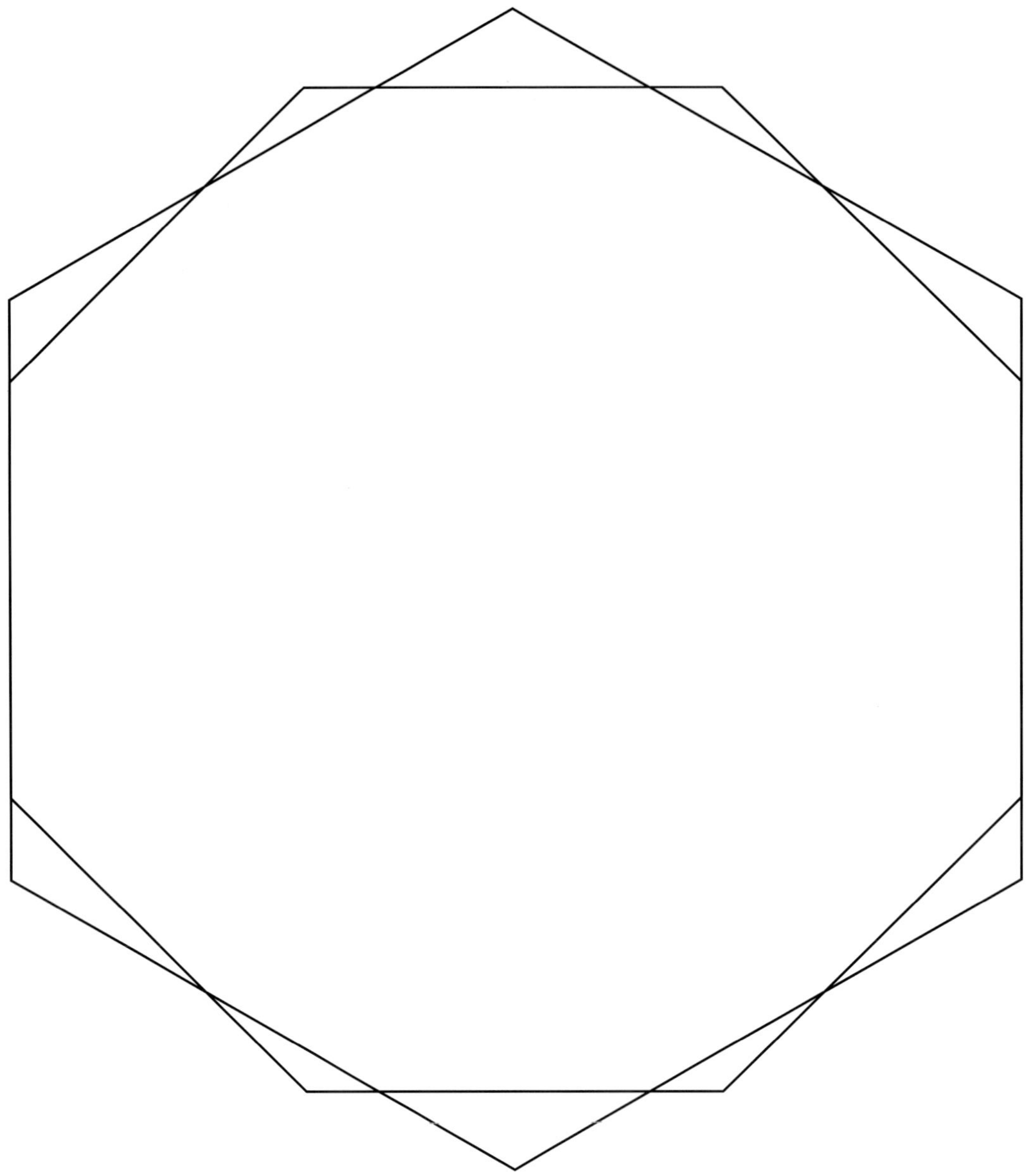

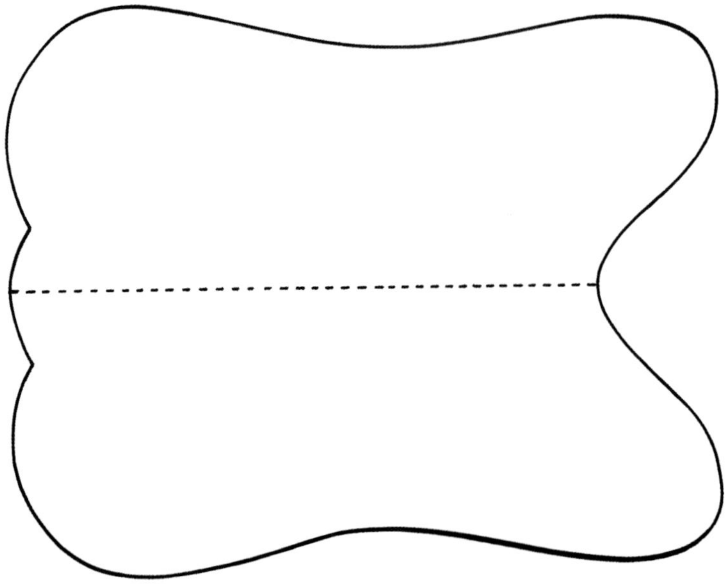

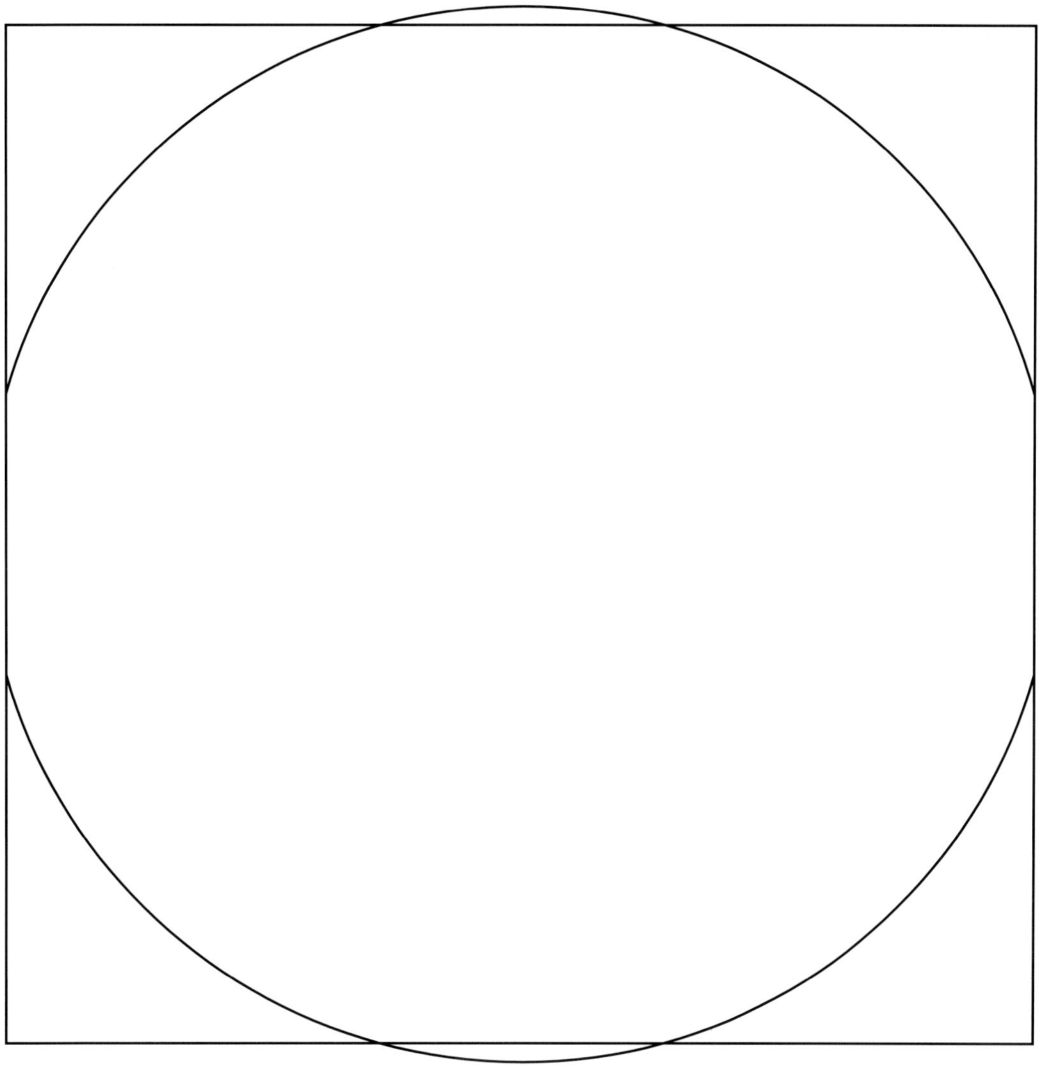

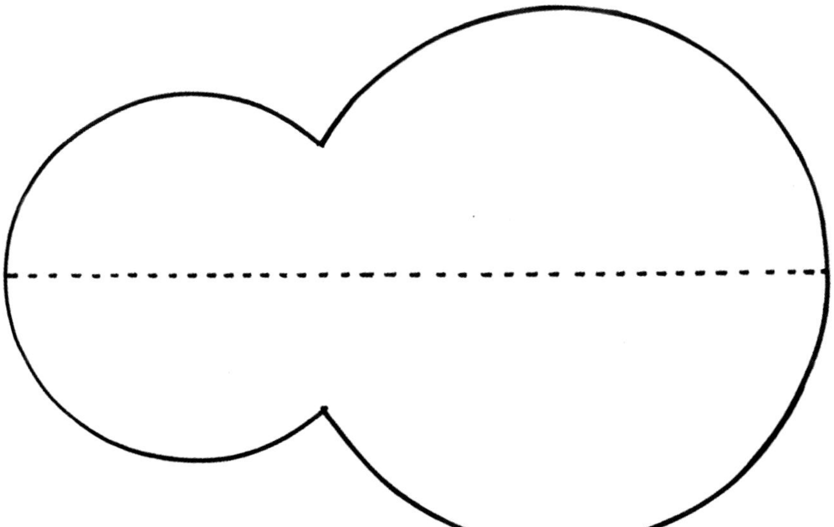

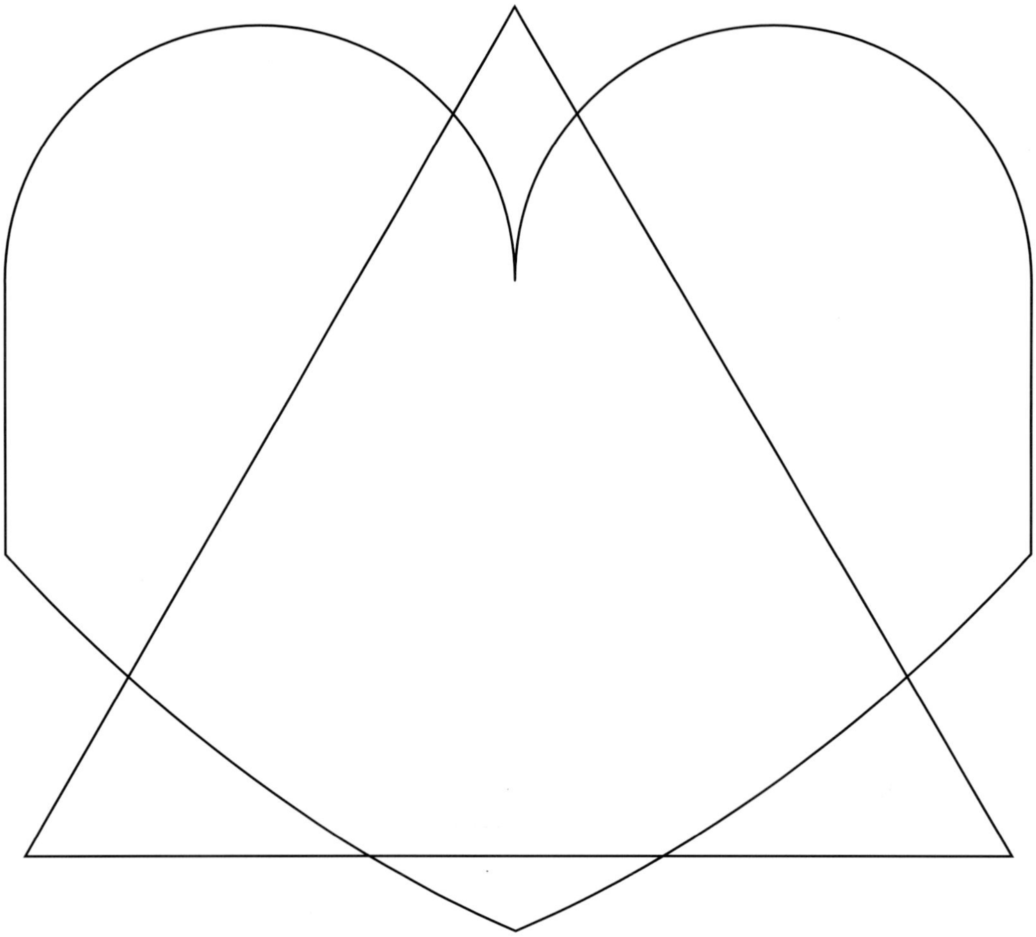

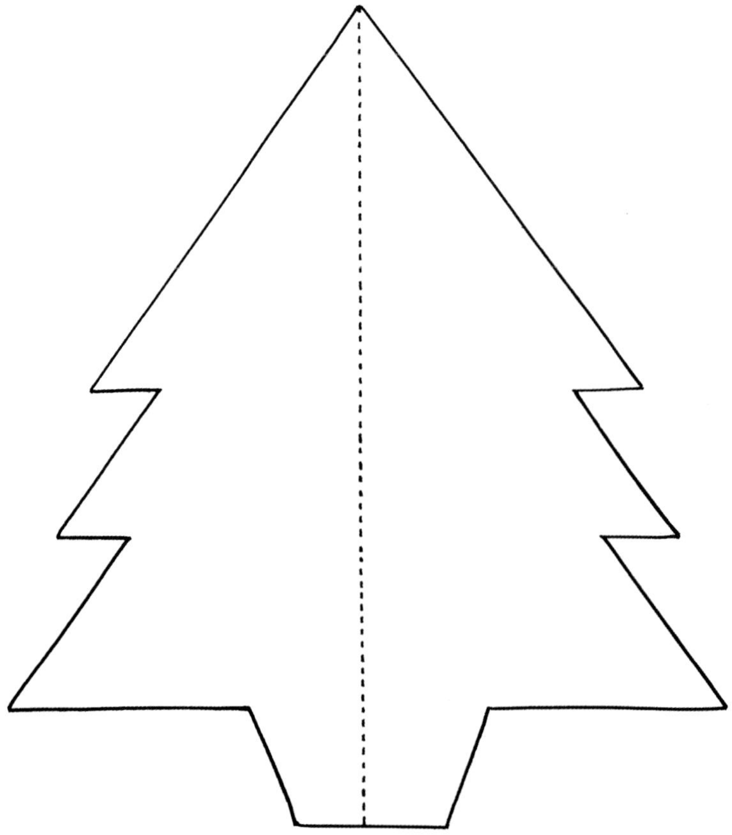

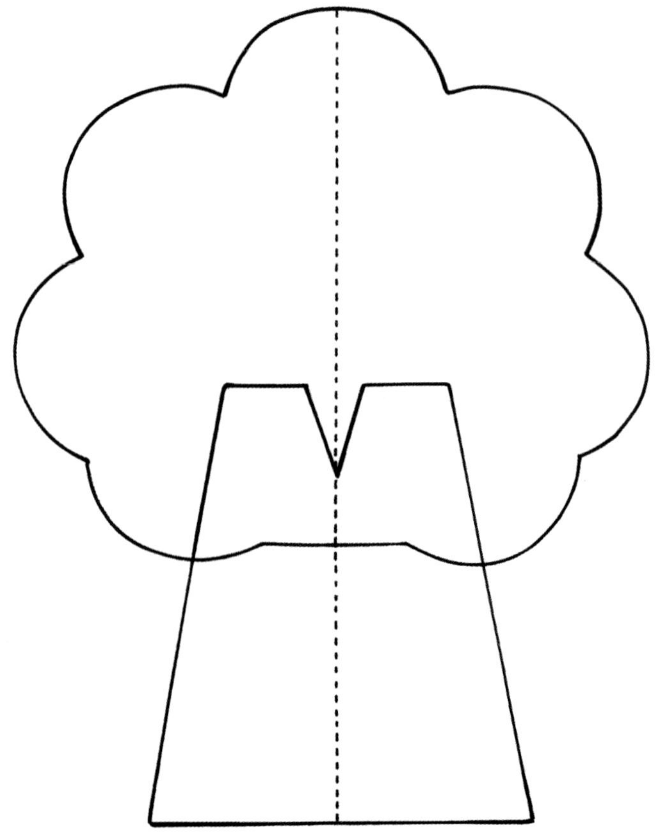

CD-ROM 자료 목록

No.	쪽	제 목
1	1	꼬물꼬물 글자벌레 생각 모으기 (가로형) – 12면
	2	꼬물꼬물 글자벌레 생각 모으기 (가로형) – 15면
	3	꼬물꼬물 글자벌레 생각 모으기 (가로형) – 24면
	4	꼬물꼬물 글자벌레 생각 모으기 (가로형) – 32면
2	1	꼬물꼬물 글자벌레 생각 모으기 (세로형) – 15면
	2	꼬물꼬물 글자벌레 생각 모으기 (세로형) – 16면
	3	꼬물꼬물 글자벌레 생각 모으기 (세로형) – 36면
	4	꼬물꼬물 글자벌레 생각 모으기 (세로형) – 64면
3	1	날짜 라벨 3621① (흑백)
	2	날짜 라벨 3621② (흑백)
4	1	내 친구 ㄱㄴㄷ 생각 모으기
5	1	단어 입양 생각 모으기 (2단)
	2	단어 입양 생각 모으기 (3단)
	3	단어 입양 생각 모으기 (4단)
6	1	달력 생각 모으기①
	2	달력 생각 모으기②
	3	달력 생각 모으기③
7	1	달력 활동지①
	2	달력 활동지②
	3	달력 활동지③
8	1	동시 생각 모으기①
	2	동시 생각 모으기②
	3	동시 생각 모으기③
9	1	맛있는 과자 나라 생각 모으기

No.	쪽	제 목
10	1	모양 병풍책 생각 모으기① (네모)
	2	모양 병풍책 생각 모으기② (육각형)
	3	모양 병풍책 생각 모으기③ (팔각형)
11	1	모양 이야기 라벨 3623 (흑백)
	2	모양 이야기 라벨 3623 (컬러)
12	1	모양으로 그리는 세상 생각 모으기① – 동그라미
	2	모양으로 그리는 세상 생각 모으기② – 세모
	3	모양으로 그리는 세상 생각 모으기③ – 네모
	4	모양으로 그리는 세상 생각 모으기④ – 동그라미 · 세모 · 네모
	5	모양으로 그리는 세상 생각 모으기⑤ – 동그라미 · 세모 · 네모
13	1	무엇이 될까요 생각 모으기
14	1	봄 여름 가을 겨울 생각 모으기
15	1	빨간 풍선의 모험 생각 모으기
16	1	이행시 생각 모으기 – 3단 1면
	2	이행시 생각 모으기 – 3단 2면
	3	삼행시 생각 모으기 – 3단 1면
	4	삼행시 생각 모으기 – 3단 2면
	5	사행시 생각 모으기 – 4단 1면
	6	사행시 생각 모으기 – 4단 2면
	7	오행시 생각 모으기 – 5단 1면
	8	오행시 생각 모으기 – 5단 2면
17	1	세어보아요 생각 모으기
18	1	수수께끼 생각 모으기① – 2단 2면
	2	수수께끼 생각 모으기② – 3단 2면

CD-ROM 자료 목록

No.	쪽	제 목
19	1	숫자 글자 라벨 3108 (흑백)
	2	숫자 글자 라벨 3108 (컬러)
20	1	숫자 글자 생각 모으기
21	1	숫자 라벨 3110 (흑백)
	2	숫자 라벨 3110 (컬러)
22	1	이야기 바꾸기 생각 모으기① – 작가의 이야기 · 나의 이야기
	2	이야기 바꾸기 생각 모으기② – 작가의 이야기
	3	이야기 바꾸기 생각 모으기③ – 나의 이야기
23	1	이야기 생각 모으기
24	1	자음 라벨 3110 (흑백)
	2	자음 라벨 3110 (컬러)
25	1	재미있는 말놀이 라벨 3108 시작하는 말 (흑백)
	2	재미있는 말놀이 라벨 3108 시작하는 말 (컬러)
	3	재미있는 말놀이 라벨 3108 끝나는 말 (흑백)
	4	재미있는 말놀이 라벨 3108 끝나는 말 (컬러)
26	1	재미있는 말놀이 생각 모으기① – 시작하는 말
	2	재미있는 말놀이 생각 모으기② – 끝나는 말
	3	재미있는 말놀이 생각 모으기③
27	1	정십자 날개책 생각 모으기
28	1	정십자 동시 카드①
	2	정십자 동시 카드②
	3	정십자 동시 카드③
29	1	조각 종이로 꾸미는 세상 생각 모으기① – 동그라미
	2	조각 종이로 꾸미는 세상 생각 모으기② – 세모
	3	조각 종이로 꾸미는 세상 생각 모으기③ – 네모
	4	조각 종이로 꾸미는 세상 생각 모으기④ – 동그라미 · 세모 · 네모
	5	조각 종이로 꾸미는 세상 생각 모으기⑤ – 동그라미 · 세모 · 네모
30	1	주원문해 라벨 3621 (흑백)
	2	주원문해 라벨 3621 (컬러)
31	1	주원문해 생각 모으기①
	2	주원문해 생각 모으기②
32	1	주원문해 카드 라벨 3120 ① (컬러)
	2	주원문해 카드 라벨 3120 ② (컬러)
33	1	주제망 생각 모으기① –가로형 9면
	2	주제망 생각 모으기② – 가로형 16면
34	1	주제망 생각 모으기① –세로형 9면
	2	주제망 생각 모으기② – 세로형 16면
35	1	주제망 활동지 (9면 소주제용)
	2	주제망 활동지 (9면 표지용)
36	1	판권면 라벨 3108 (흑백)
	2	판권면 라벨 3108 (컬러)
37	1	판권면 라벨 3114 (흑백)
	2	판권면 라벨 3114 (컬러)
38	1	판권면 라벨 3116 (흑백)
	2	판권면 라벨 3116 (컬러)
39	1	판권면 라벨 3615 (흑백)
	2	판권면 라벨 3615 (컬러)
40	1	판권면 라벨 3621 (컬러)

참고문헌

A' Court, A., M. Elliot. & P. Jackson. (2000). The art and craft of paper. London : Southwater.

Attenborough, S. (2001). The card book. London : Dorling Kindersley Book.

Avella, N. (2003). Paper engineering. Mies : Rotovision.

Baskett, M. (2002). Creative paper folding. N.Y.: Sterling Publishing Co.

Beech, R. (2002). Practical origami: a step-by-step guide to the ancient art of paperfolding. London : Hermes House.

Bolton, V. (2002). The big book of greeting cards: over 40 step-by-step projects. Ohio : North Light Books.

Browning, M. (2001). New paper crafts. N.Y.: Sterling Publishing Co.

Browning, M. (2002). Hand Decorating Paper. N.Y.: Sterling Publishing Co.

Comfort, C. H. (1991). The Newbery and Caldecott Books in the Classroom. Incentive Publishing Co.

Crawford, M. (1991). Handmade Greeting Cards. N.Y.: Sterling Publishing Co.

Diehn, G. (1998). Making Books That Fly, Fold, Wrap, Hide, Pop Up, Twist, and Turn. N.Y.: Lark Books.

Eaton, F. (2002). The Complete Book of Papercrafts: 26 Step-by-Step projects Made from Paper. Ohio : David & Charles Book.

Edward Ripley-Duggan. (1988). Book arts collections : a representative selection. Haworth Press.

Foose, S. L. (2001). The Card Shop: A Dazzling Collection of Handmade Paper Greetings. Illinois : Contemporary Books.

Foose, S. L. (2003). Paper for All Seasons: Projects and Presents to Make Through Year. N.Y. : Watson-Guptill Publications.

Genovese, S. (2000). Creative Greeting Cards. N.Y.: Sterling Publishing Co.

Giuliani, B. (2002). Wild and Domestic Animals CD-ROM and Book. N.Y. : Dover Publications.

Golden, A. (1998). Creating Handmade Books. N.Y.: Sterling Publishing Co.

Golden, A. (2001). Unique Handmade Books. N.Y.: Sterling Publishing Co.

Hill, N. M. (2004). It's All about Cards & Tags. Little Rock : NANC & COMPANY.

Irwin, D. (2000). Handcrafted Cards: From Elegant to Whimsical 60 Distinctive Designs to Make. N.Y.: Lark Books.

Jacobs, M. (2005). Cards that pop up, flip & slide. Ohio : North Light Books.

Jackson, P. (1991). The Encyclopedia of Origami & Papercraft. Headline Book.

Jaworski-Stranc, S. (2003). Nature Cards. East Sussex : Apple Press.

LaPlantz, S. (2001). The Art & Craft of Handmade Books. N.Y.: Lark Books.

Lorenz, J. (2001). Paper Crafts. London : Lorenz Book.

Nicholson, S. (2005). Surprisingly simple novelty cards. Newton Abbot : David & Charles.

Novelli, J. (1998). Using Caldecotts Across the Curriculum: Reading and Writing Mini-Lessons, Math and Science Spin-Offs, Unique Art Activities and More. New York :Scholastic.

Reimer-Epp, H. & M. Reimer. (2002). The encyclopedia of paper making and bookbinding : the definitive guide to making, embellishing and repairing paper and books.

Richardson, C. (2001). Paper Details. London : RYLAND PETERS & SMALL.
Ripley-Duggan, E. (1988). Book Arts Collections: A Representative Selection. Haworth Press.
Stevens, C. (1996). Paper Craft School. N.Y. : Reader's Digest.
Studley, V. (1977). The Art & Craft of Handmade Paper. N.Y.: Dover Publishings, Inc.
Sutton, T. & Whelan, B. M. (2004). The Complete Color Harmony. Massachusetts : Rockport Publishings, Inc.

그림책

가노 준코(1999). 있잖아요 산타마을에서는요…. 서울 : 길벗어린이.
고미 타로(2000). 누구나 눈다. 서울 : 한림출판사.
고미 타로(2003). 모두가 가르쳐 주었어요. 서울 : 달리.
권정생(1996). 강아지똥. 서울 : 길벗어린이.
기도 반 게네흐텐(2004). 꼭꼭 숨어라. 서울 : 한울림.
김성은(2000). 까치와 소담이의 수수께끼. 서울 : 사계절.
나카노 히로미(2005). 똥. 서울 : 진선출판사.
나카에 요시오 글 · 우에노 노리코 그림(2003). 또또와 사과나무. 서울 : 세상모든책.
도널드 쿠르즈(1996). 화물열차. 서울 : 시공주니어.
데이빗 섀논(1999). 유치원에 간 데이빗. 서울 : 지경사.
데이빗 섀논(2003). 데이빗은 궁금해. 서울 : 지경사.
네이비드 위스너(2002). 구름 공항. 서울 : 중앙출판사.
레오 리오니(2000). 물고기는 물고기야. 서울 : 시공주니어.
레오 리오니(2003). 꿈틀꿈틀 자벌레. 서울 : 파랑새어린이.
레오 리오니(2005). 한 해 열두 달. 서울 : 마루벌.
레이먼드 브릭스(1995). 산타할아버지의 휴가. 서울 : 비룡소.
레이먼드 브릭스(1997). 눈사람아저씨. 서울 : 마루벌.
로렌 차일드(2001). 난 토마토 절대 안 먹어. 서울 : 국민서관.
로슬린 스왈츠(2005). 비 오는 날은 신나요. 서울 : 황매.
로이스 엘러트(2001). 알록달록 동물원. 서울 : 시공주니어.
로이스 엘러트(2001). 알록달록 물고기. 서울 : 시공주니어.
로이스 엘러트(2001). 날개를 기다리며. 서울 : 베틀북.
류재수(2001). 노란 우산. 서울 : 재미마주.
마곳 블레어(2002). 빨간 끈. 서울 : 케이유니버스.
마르쿠스 피스터(1996). 날 좀 도와줘 무지개 물고기. 서울 : 시공주니어.
마르쿠스 피스터(2000). 무지개 물고기. 서울 : 시공주니어.
마르쿠스 피스터(2000). 마쯔와 신비한 섬. 서울 : 시공주니어.
마르쿠스 피스터(2001). 마쯔와 신기한 돌. 서울 : 시공주니어.
마르크 시몽 그림 · 제이스 메이 우드리 글(1997). 나무는 좋다. 서울 : 시공주니어.

마쓰오카 다스히데(2000). 숲의 도감. 서울 : 진선출판사.
마쓰오카 다쓰히데(2000). 바닷가 도감. 서울 : 진선출판사.
말라 프레이지(2005). 산타할아버지는 세계 제일의 장난감 전문가. 서울 : 넥서스주니어.
모니카 랑에(2004). 누구 알일까? 서울 : 네버랜드.
멜라니 월시(2002). 무엇이 될까요? 서울 : 시공주니어.
멜라니 월시(2002). 무엇이 있을까요? 서울 : 시공주니어.
멜라니 월시(2002). 이렇게 달라졌어요. 서울 : 시공주니어.
멜라니 월시(2005). 무얼 하고 있을까요? 서울 : 시공주니어.
몰리 뱅(2000). 쇼피가 화나면, 정말 정말 화나면…. 서울 : 케이유니버스.
바바라 리만(2005). 나의 빨강 책. 서울 : 아이즐북스.
박문희 엮음 · 이오덕 풀이(2000). 침 튀기지 마세요. 서울 : 고슴도치.
박은영(1997). 기차 ㄱㄴㄷ. 서울 : 비룡소.
박은영(1997). 준영 ㄱㄴㄷ. 서울 : 비룡소.
배빗 콜(1998). 말썽꾸러기를 위한 바른생활 그림책. 서울 : 보림.
배빗 콜(1999). 따로 따로 행복하게. 서울 : 보림.
베르너 홀츠바르트(2002). 누가 내 머리에 똥 쌌어? 서울 : 사계절.
뻬뜨르 호라체크(2002). 까맣고 하얀 게 무엇일까요? 서울 : 시공주니어.
볼프 에를부르흐(2004). 커다란 질문. 서울 : 베틀북.
샌디 터너(2001). 멍멍 컹컹 산타 월월 크로스. 서울 : 교학사.
심스 태백(2000). 옛날 옛날에 파리 한 마리를 꿀꺽 삼킨 할머니가 살았는데요. 서울 : 베틀북.
심스 태백(2004). 잭이 지은 집에서 도대체 무슨 일이 일어났을까? 서울 : 베틀북.
안나 러셀만(1994). 충치 도깨비 달달이와 콤콤이. 서울 : 현암사.
앤 조나스(2005). 바로 또 거꾸로. 서울 : 비룡소.
앤 조나스(2002). 풍덩 풍덩 몇 마리가 있나요? 서울 : 아이세움.
에드 엠벌리(2000). 조각 종이로 꾸미는 세상1. 서울 : 고슴도치.
에드 엠벌리(2000). 조각 종이로 꾸미는 세상2. 서울 : 고슴도치.
에드 엠벌리(2005). 알록달록 손도장으로 상상력 키우기. 서울 : 고슴도치.
에드 영(1999). 일곱 마리 눈먼 생쥐. 서울 : 시공주니어.
에즈라 잭 키츠(1995). 눈 오는 날. 서울 : 비룡소.
에릭 칼(1986). 배고픈 애벌레. 서울 : 한국몬테소리.
엘라 마리(1995). 빨간 풍선의 모험. 서울 : 시공주니어.
엘라 마리(1996). 나무. 서울 : 시공주니어.
유리 슐레비츠(1994). 비 오는 날. 서울 : 시공주니어.
이경우 지음 · 임부미 그림(1993). 빨주노초파남보. 서울 : 한림출판사.
이동진(2001). 어느 날 밤. 서울 : 산하.
이보나 흐미엘레프스카(2004). 파란 막대 파란 상자. 서울 : 사계절.
이상교 동시(2001). 그림 속 그림 찾기 ㄱㄴㄷ. 서울 : 사계절.
이지원 기획 · 이보나 흐미엘레프스카 그림(2005). 생각하는 ㄱㄴㄷ. 서울 : 논장.
이춘희 글 · 박지훈 그림(2003). 똥 떡. 서울 : 언어세상.
존 버닝햄(2003). 내가 만약. 서울 : 비룡소.
존 세스카 글 · 레인 스미스 그림(1996). 늑대가 들려주는 아기 돼지 삼형제 이야기. 서울 : 보림.

줄리 아이그너 클락(2005). **재미있는 명화 속 수수께끼.** 서울 : 홍진 P&M.
최숙희(2000). **누구 그림자일까요?** 서울 : 보림.
크베타 파코브스카(2001). **모양 놀이.** 서울 : 베틀북.
크베타 파코브스카(2001). **숫자 놀이.** 서울 : 베틀북,
토드 파(2005). **책을 읽으면 기분이 좋아져요.** 서울 : 삐아제 어린이.
토드 파(2005). **괜찮아요.** 서울 : 시공주니어.
편집부(2003). **예쁜 모양으로 무얼 그릴까?** 서울 : 중앙출판사.
한국어린이육영회(2003). **엄마랑 함께 하는 동시 그림책.**
한국어린이육영회(1994). **한국 전래동요의 통합적 활용을 위한 작은 책 1.** 서울 : 한국어린이육영회.
한국어린이육영회(1995). **한국 전래동요의 통합적 활용을 위한 작은 책** 2. 서울 : 한국어린이육영회.
한국어린이육영회(1995). (개정 · 증보판) **음률활동자료집.** 서울 : 한국어린이육영회.
한유민(203). **난 북 치는게 좋아! 난 노래하는게 좋아.** 서울 : 비룡소.
한태희(2004). **손바닥 물고기.** 서울 : 예림당.
허은미 구성 · 곽선영 그림(1998). **말놀이 나라 쫑쫑.** 서울 : 비룡소.
허은미(2004). **똥은 참 대단해.** 서울 : 웅진닷컴.

책 만들기를 통한 문해 활동 전문가과정

최유경유아놀이교육연구소에서는 교사와 일반인을 대상으로 아래와 같이
책 만들기를 통한 문해 활동 전문가과정을 실시하고 있습니다.

과 정 명 : 책 만들기를 통한 문해 활동 전문가과정(초급 · 중급)
대 상 : 교사 · 일반인
기 간 : 3개월 12주(주 1회 3시간씩 총 36시간)
정 원 : 15명
교육내용

차시	교육 시간	교육 내용
1	180분	책 만들기의 개념 및 교수법 카드(Cards)를 활용한 문해 활동
2	180분	병풍책(Accordion Books)과 다단 병풍책을 활용한 문해 활동
3	180분	깃발 병풍책(Flag Books)을 활용한 문해 활동
4	180분	문 접기책(French Door Books)과 좌우 교대 접기책(Ox-flow Books)을 활용한 문해 활동
5	180분	날개책(Flip Books)과 뚜껑책(Flap Books)을 활용한 문해 활동
6	180분	큰 책(Big Books)과 모양 병풍책(Shape Accordion Books)을 활용한 문해 활동
7	180분	Pop-up Books를 활용한 문해 활동1
8	180분	Pop-up Books를 활용한 문해 활동2
9	180분	Pop-up Books를 활용한 문해 활동3
10	180분	주머니책(Pocket Books)과 봉투책(Envelope Books)을 활용한 문해 활동
11	180분	제본책(Binding Books)을 활용한 문해 활동1
12	180분	제본책(Binding Books)을 활용한 문해 활동2 수료식 및 출판기념회

「책 만들기를 통한 문해 활동 전문가과정」에 대하여
보다 자세한 사항을 원하시는 경우에는
www.wowplay.org 에 들어오셔서 문의하시기 바랍니다.

통합적 놀이 활동 시리즈 · 책 만들기 시리즈

1. 통합적 놀이 활동 자료집 1 : 즐거운 유치원 · 즐거운 어린이집

구 성 : 교사용 활동 지침서 1권
유아용 활동지 1권
CD-ROM 1매
최유경 지음 / 정가 1set 36,000원

2. 통합적 놀이 활동 자료집 2 : 나와 친구

구 성 : 교사용 활동 지침서 1권
유아용 활동지 1권
CD-ROM 1매
최유경 지음 / 정가 1set 38,000원

3. 통합적 놀이 활동 자료집 3 : 사전책

구 성 : CD-ROM 1매
사전책 12종 제작을 위한 놀이 교구 교재
최유경 지음 / 정가 12,000원

4. 책 만들기를 통한 창의적 언어교육 I
: CARDS, ACCORDION & FLAG BOOKS

구 성 : 양장본 1권
CD-ROM 1매
최유경 지음 / 정가 28,000원

5. 통합적 놀이 활동 자료집 4 : 모양과 색깔

(출간 예정)

6. 책 만들기를 통한 창의적 언어교육 III
: FOR POP-UP & OBJET BOOKS

(출간 예정)

7. 책 만들기를 통한 창의적 언어교육 IV
: FOR POCKET, ENVELOPE & BINDING BOOKS

(출간 예정)